OLIVER GEISSELHART

NOTIZBUCH
SO MERKEN SIE SICH ALLES
IM KOPF

W0192651

INHALT

VORWORT

Mithilfe der hier vorgestellten »Geisselhart-Technik« merken Sie sich – mit etwas Übung – schnell und spielerisch wirklich alles, was Ihnen wichtig ist. Mein Onkel, Deutschlands Gedächtnispionier, entwickelte diese Technik, die seit den 1960er-Jahren im deutschsprachigen Raum von vielen kopiert und nie wirklich erreicht wurde.

In diesem Buch bleibt Ihnen langwierige Theorie erspart, dafür gibt es direkt umsetzbare Übungen für die tägliche Praxis, also sofortige Anwendungsmöglichkeiten mit garantierten Erfolgen. Dabei ist es egal, ob Sie 20 oder 80 Jahre alt sind. Und auch Ihre Kinder profitieren von diesem Buch. Schon im Vorschulalter können sie mit Ihnen die eine oder andere Übung machen. Wie Sie mit Schulkindern gezielt übern, zeigt Ihnen Kapitel 3. Völlig unabhängig vom Alter wird sich hier jeder, der noch keine spezielle Methode benutzt, drastisch verbessern. Sie erreichen Gedächtnisleistungen, die Sie bisher niemals für möglich hielten. Und: Sie müssen dafür kein Genie sein! Sie brauchen keine spezielle Gabe oder einen möglichst hohen Intelligenzquotienten. Nur eines sollten Sie beachten: Sie müssen das Buch durcharbeiten und nicht nur lesen!

Die beigefügte Audio-CD ergänzt Ihr Training. Sie sollten sie erst anhören, nachdem Sie das Kapitel 2 komplett durchgearbeitet haben. Hören Sie die CD dann ruhig immer wieder. Sie steigern dadurch Ihre Kreativität in Bezug auf die Technik ungemein.

Lassen Sie sich also von Ihrem eigenen Gedächtnis verblüffen. Viel Erfolg, viel Fantasie und vor allem viel Vergnügen wünscht Ihnen

Oliver Geisselhart

Vom GEDÄCHTNIS-BESITZER *zum* GEDÄCHTNIS-BENUTZER

Die gute Nachricht vorweg: Wir alle haben von Natur aus ein gutes Gedächtnis. Ein fast perfektes. Die schlechte Nachricht: Die meisten von uns benutzen ihr Gedächtnis nicht richtig. Dabei ist das eigentlich gar nicht schwer. Mit ein paar einfachen Techniken und etwas Übung lässt sich dieses Manko spielerisch und zügig beheben.

Sich einfach mehr merken

Mit der hier vorgestellten »Geisselhart-Technik« können Sie sich, wenn Sie regelmäßig üben, mit der Zeit schnell und spielerisch alles merken, was Ihnen wichtig ist. Egal, ob es darum geht, die Erledigungen auf Ihrer To-do-Liste nicht zu vergessen, eine neue Sprache zu lernen, Ihren Kindern bei den Schulaufgaben zu helfen, freie Vorträge zu halten, sich die Namen Ihrer Kollegen zu merken oder wichtige Fachinformationen zu speichern: All das ermöglicht Ihnen die Geisselhart-Technik schnell, sicher und mit Spaß.

Um zu erkennen, wie schnell Sie sich verbessern, sollten Sie zuerst einmal den folgenden kleinen Test absolvieren. Getestet werden die Bereiche Erledigungen behalten, Zahlen speichern, Vokabeln lernen und Namen und Gesichter merken. Im Anhang des Buches können Sie später die Ergebnisse eintragen. Beginnen Sie damit aber erst, wenn Sie alle Bestandteile des Tests durchlaufen haben und der Meinung sind, sich alles eingeprägt zu haben. Beachten Sie unbedingt die Zeitlimits der einzelnen Aufgaben. Sie sollten die vorgeschriebene Zeit keinesfalls überschreiten, dürfen aber natürlich früher aufhören, wenn Sie sicher sind, bereits alles abgespeichert zu haben. Notieren Sie, wie lange Sie gebraucht haben, damit Sie diese Angaben später mit Ihrem Abschlusstest vergleichen können. Wenn Sie nämlich alle Übungen und Tricks der Geisselhart-Technik richtig eingeübt haben, werden Sie am Ende des Buches noch einmal einen Test machen. Dieser Abschlusstest wird Ihnen zeigen, wie sehr Sie sich gesteigert haben.

Wenn Sie sich bisher mit dieser Materie noch nicht befasst haben, werden Sie aller Voraussicht nach mehr als erstaunt sein: Sie werden eine Steigerung Ihrer Gedächtnisleistung erleben, die Sie zurzeit wahrscheinlich nicht für möglich halten. Lassen Sie sich also überraschen und legen Sie gleich mit dem Einstiegstest los.

Ach übrigens, keine Angst: Je »schlechter« Sie hierbei abschneiden, desto größer ist Ihr Steigerungspotenzial und desto mehr werden Sie von diesem Buch profitieren.

 # DER EINSTIEGSTEST

Kategorie 1: Erledigungsliste merken

Wie gut können Sie sich Dinge merken, die Sie noch erledigen müssen? Merken Sie sich bitte die folgenden zehn Tätigkeiten. Die Reihenfolge ist hierbei wichtig, denn es kommt ja häufig vor, dass man Aufgaben in einer bestimmten zeitlichen Abfolge oder sogar fast gleichzeitig erledigen muss. Speichern Sie also die folgenden Aufgaben in der vorgegebenen Reihenfolge. Sie haben dafür eineinhalb Minuten Zeit. Stoppuhr her und los geht's.

Maximale Zeit: 1 Minute und 30 Sekunden

1. Mottenkugeln besorgen
2. Musik-CD kopieren
3. Waschmittel für dunkle Wäsche kaufen
4. Paket zur Post bringen
5. Arzttermin bestätigen
6. Kinokarten bestellen
7. Neues EDV-Handbuch kaufen
8. Freundin anrufen
9. Mantel in die Reinigung bringen
10. Rasen mähen

Tragen Sie hier die Zeit ein, die Sie tatsächlich benötigt haben:

_____ Minuten _____ Sekunden

Kategorie 2: Zahlen behalten

Schauen wir mal, wie gut es um Ihr Zahlengedächtnis bestellt ist. Merken Sie sich dazu bitte die folgenden Zahlenkombinationen. Sie haben dafür zwei Minuten Zeit.

Maximale Zeit: 2 Minuten

Die Telefonnummer Ihrer Versicherung: 0 23 01/85 51 92
Ihre Handy-PIN: 9726
Geburtstag einer Freundin: 24. 08. 1968
Gründungsdatum Rotaryclub: 23. 02. 1905

Die exakt benötigte Zeit tragen Sie wieder hier ein:

_____ Minuten _____ Sekunden

DER EINSTIEGSTEST

Nun schauen wir uns an, wie gut Sie Vokabeln behalten können. Es geht dabei nicht um die Schreibweise, es geht nur darum, die entsprechenden Vokabeln zu wissen, sie also aussprechen zu können. Deshalb finden Sie in der Klammer hinter der Vokabel auch die Lautschrift, und zwar meine eigene: so, wie man dieses Wort auf Deutsch schreiben würde. Das englische Wort für Fahrrad – »bicycle« – wird nach meinen Lautschriftregeln also »baisikl« geschrieben. Wenn Sie die einzelnen Wörter so aufschreiben oder aufsagen können, wie sie sich anhören, gelten sie als abgespeichert, fertig. Sie haben fünf Minuten Zeit für die zehn Vokabeln. Also los!

Maximale Zeit: 5 Minuten

glèbe, frz. (gläb) – Scholle

fuscus, lat. (fuskus) – dunkel

sorcerer, engl. (sorserer) – Zauberer

socket, engl. (socket) – Steckdose

corvus, lat. (korvus) – Rabe

aller, frz. (alle, Betonung auf dem »e«) – gehen

bolso, span. (bolso) – Tasche

molestar, span. (molestar) – belästigen

gremire, ital. (gremire) – füllen

esporre, ital. (esporre) – aussetzen

Wie viel Zeit haben Sie tatsächlich benötigt?

_____ Minuten _____ Sekunden

Sich Namen zu merken, ist für die meisten Menschen das wichtigste Thema beim Gedächtnistraining. Menschen, die hier punkten, kommen gut an, strahlen Sicherheit und Souveränität aus und vermeiden manch peinlichen Moment. In der Regel geht es den meisten Menschen allerdings folgendermaßen: Sie erkennen die Person zwar wieder, wissen häufig auch, wo sie sie kennengelernt haben, erinnern sich eventuell sogar noch an Details des letzten Gesprächs, an die Automarke oder an die Kleidung dieser Person beim letzten Treffen – nur der Name will ihnen beim besten Willen nicht einfallen. Keine angenehme Situation.
Es geht also hier darum, sich die Namen verschiedener Personen einzuprägen. Auch hier ist die Schreibweise egal, nur die Aussprache zählt. Wie man den Namen schreibt, ist schließlich nicht von Bedeutung, wenn Sie jemanden höflich begrüßen. Sehen Sie sich nun die folgenden Fotos an und prägen Sie sich die dazugehörigen Namen ein.

 DER EINSTIEGSTEST

Achten Sie bitte auch bei dieser Übung wieder auf die Zeit. Auch hier müssen Sie nach maximal fünf Minuten Schluss machen.

Maximale Zeit: 5 Minuten

Und ein letztes Mal bitte die gestoppte Zeit eintragen:

_____ Minuten _____ Sekunden

Marion
Runkel

Patrick
Stockinger

Svenja
Alkandy

Peter
Dohrman

Galja
Stasikovski

Richard
Sterzenbach

Andreas
Kobuscherson

Claudia
Deletiglu

Kerstin
Plotka

Dörte
Paklipey

Wenn Sie möchten, gönnen Sie sich erst einmal eine kurze Pause. Sie können aber auch jetzt gleich zum Anhang des Buches gehen, um Ihre Ergebnisse einzutragen. Pause vorbei? Dann steigen wir direkt ein und in wenigen Minuten werden Sie Ihr erstes Erfolgserlebnis haben – versprochen.

➡ *TIPP: PAUSIEREN – ABER RICHTIG!*

Stehen Sie vom Schreibtisch auf und gehen Sie etwas. Atmen Sie am Fenster tief ein und aus, trinken Sie etwas und essen Sie etwas Obst. So kommt Ihr Gehirn in Gang.

Die Geisselhart-Technik Schritt für Schritt erklärt

Wenn Sie schon einmal mit Kinder im Vorschulalter Memory gespielt haben, haben Sie mit Sicherheit festgestellt, dass sie Ihnen haushoch überlegen waren. Dies kommt daher, dass Kinder noch ganz natürlich in Bildern denken. Im Lauf der Schulzeit wird ihnen dies leider immer mehr abtrainiert. Schüler lernen, vorwiegend logisch zu denken und Kreativität sowie Visualisierung zu vernachlässigen. Visualisieren bedeutet, sich im Geiste Bilder vorzustellen, also quasi »Kopfkino« zu schauen. Und genau das machen die Gedächtnis-Champions.

Alles, was wir uns über Bilder bzw. Bilder- oder Filmszenen merken, behalten wir wesentlich besser als bloße Fakten. Und das funktioniert nicht nur bei den wirklichen Gedächtnismeistern, sondern auch bei Ihnen. Das heißt also, dass Sie jede Information, die Sie behalten wollen, als Bild abspeichern sollten. Dies klingt zunächst umständlich und schwierig. Vielleicht ist es das sogar. Zumindest am Anfang ist die Technik etwas gewöhnungsbedürftig. Aber trotzdem: Es ist wirklich möglich, jede noch so komplizierte Information in ein Bild zu transformieren, also zu verbildern. Allerdings bedarf es hierzu etwas Übung. Aber dafür haben Sie ja dieses Buch. Die Technik werden Sie im Handumdrehen verinnerlichen und sich schnell daran gewöhnen. Und sehr bald stellen Sie fest, wie einfach das Ganze doch sein kann. Sie werden aus den schwierigsten Namen, Zahlen, Vokabeln, Texten, Fachbegriffen usw. gedächtnisgerechte Bilder machen können. Damit merken Sie sich in Zukunft, was auch immer Sie sich merken möchten.

Das Bilderdenken

Unser Gehirn denkt von Geburt an in Bildern. Und wir alle kennen den Spruch: »Ein Bild sagt mehr als tausend Worte.« Deshalb können Sie auch mit nur einem Bild eine riesige Menge an Informationen jeglicher Art abspeichern. Sie brauchen nur das richtige Bild. Und wie Sie Bilder entwickeln, erfahren Sie jetzt.

Erste Visualisierungsübungen

Vielleicht fällt es Ihnen nicht leicht, sich skurrile Bilder oder kleine Filme in Ihrem Kopfkino vorzustellen. Vielleicht sehen Sie diese Bilder nicht detailreich genug. Vielleicht glauben Sie auch, Ihnen fehle die Kreativität, um auf solch unsinnige Ideen zu kommen. Vielleicht halten Sie Ihr Denken für zu normal, zu logisch. Dies kann in der Tat der Fall sein. Schließlich haben Sie eine Schule besucht und gelernt, vorwiegend logisch zu denken. Auch haben Sie wahrscheinlich eine »gute« Erziehung genossen. Sie haben gelernt, was man denken »darf« und was nicht. Dies alles behindert Erwachsene, im Gegensatz zu Kindern, in ihrer Kreativität. Lernen Sie also wieder, frei wie ein Kind zu denken. Ohne Reglements, ohne Tabus, einfach drauf los. Was auch immer Ihnen einfällt – es ist in Ordnung, es ist »Ihr Eigentum« und keiner kann Sie dafür tadeln, dass Sie etwas Anrüchiges, Lustiges, Makabres oder Ekliges denken.

Die nächsten beiden Übungen werden Ihnen dabei helfen. Bei der ersten Übung geht es darum, sich verschiedene Dinge, also einfache Gegenstände, möglichst realistisch vor Ihrem geistigen Auge vorzustellen. Die zweite Übung wird dann Ihre Kreativität in den Vordergrund rücken. Das wird vielleicht schon eine etwas größere Herausforderung für Sie sein. Aber wenn Sie sich erst einmal überwunden haben, werden Sie sehen, dass dieses Bilderdenken auch sehr viel Spaß machen kann. Lassen Sie sich also angenehm überraschen.

 ÜBUNG: *Visualisierung einfacher Gegenstände, Farben, Szenen*

Stellen Sie sich bitte die unten stehenden Begriffe vor, so gut es Ihnen im Moment möglich ist. Setzen Sie sich dabei nicht unter Druck. Lassen Sie ganz entspannt das entsprechende Bild vor Ihrem geistigen Auge entstehen. Wenn Ihnen das nicht auf Anhieb gelingt, dann beschreiben Sie einmal Ihren Partner, Ihr Auto, Ihren Arbeitsweg usw. Sie werden feststellen, dass Sie genau im Moment der Beschreibung die entsprechende Person, das Fahrzeug oder die Strecke im Geist vor sich sehen. Wie könnten Sie sie sonst beschreiben? Ebenso hilfreich ist es, sich die Dinge erst einmal in Wirklichkeit genau anzusehen, also einen echten Apfel zur Hand zu nehmen und ihn ganz genau zu betrachten. Danach schließen Sie die Augen und holen das Bild in Ihren Kopf zurück. Sie können auch zusätzlich Farbe ins Spiel bringen und eventuell sogar Geräusche dazu hören. Testen Sie das gleich einmal mit den folgenden Begriffen. Lassen Sie diese so realistisch wie möglich vor Ihrem inneren Auge erscheinen.

✱ Apfel, Stuhl, Auto, Partner, Straße

Kreativ wie nie

Und nun, wie bereits angekündigt, das topp-effektive und einfache System, Ihre Kreativität zu entwickeln. Ja genau, entwickeln wie auswickeln. Sie müssen nämlich gar nicht lernen, kreativ zu werden, Sie sind es bereits. Sie sollten nur Ihre vorhandene, aber leider eingewickelte Kreativität wieder »entwickeln«. Ihre Kreativität ist also definitiv schon da. Falls Ihnen die folgenden Verknüpfungen zu simpel, zu skurril, zu unsinnig oder zu kindisch vorkommen, dann denken Sie daran: Kinder sind die besseren Memory-Spieler! Folglich sind die kindischen Verknüpfungen die besten. Denn irgendetwas scheinen die Kleinen ja richtig zu machen. Aber Sie werden gleich selbst entdecken, wie eine Verknüpfung aussehen muss, damit sie bei Ihnen gut wirkt. Es kommt bei der folgenden Übung also vor allem darauf an, dass Sie ein Gespür dafür bekommen, wie Sie am effektivsten Ihre ganz persönlichen Verknüpfungen gestalten, die bei Ihnen, und nur bei Ihnen, am besten funktionieren.

Der Sinn dieses Spiels ist es, zwei Dinge bzw. Begriffe so miteinander zu verknüpfen, dass Sie anschließend in der Lage sind, den zweiten Begriff spontan zu ergänzen, obwohl nur der erste vorgegeben wird.

Sie verknüpfen also beispielsweise den Begriff Waschbecken mit dem Begriff Telefon. Wenn Sie diese Verknüpfung »merk-würdig« gestalten, reicht Ihnen einer der beiden Begriffe aus, um sich wieder an den anderen zu erinnern. Der eine hängt sozusagen am anderen dran. Sie könnten also z. B. ein neues Design für ein Waschbecken entwickeln. Dieses ist mit einem Telefon ausgestattet. Die Tastatur befindet sich im Becken und der Wasserhahn dient gleichzeitig als Telefonhörer. Stellen Sie sich vor, wie absurd es aussehen würde, wenn Sie mit diesem Waschbeckentelefon telefonieren würden. Wenn Sie jetzt denken: »So was Bescheuertes würde ich nie machen«, dann stellen Sie sich eben vor, Ihr Nachbar hätte ein solches Waschbecken. Und darauf wäre er auch noch richtig stolz. Bei dieser Verknüpfung reicht es, einen der beiden Begriffe zu hören, um sofort auch auf den anderen zu kommen. Wenn Sie nun gefragt werden, was Ihnen zu »Waschbecken« einfällt, werden Sie sofort – na klar – »Telefon« antworten. Umgekehrt funktioniert das Ganze natürlich auch: Bei »Telefon« müssten Sie an »Waschbecken« denken.

Beim folgenden Kreativitätsspiel verknüpfen wir verschiedene Berufe mit Kosmetikartikeln. Dies führt mit Sicherheit zu sehr komischen Bildern. Beim Verknüpfungspärchen Polizist und Lippenstift stellen Sie sich also beispielsweise eine lustige Szene vor, in welcher sich ein Polizist seine Lippen mit einem grellroten Lippenstift schminkt. Er malt dabei kräftig über die Lippen hinaus. Dies könnte Ihre Verknüpfung sein. Nun schließen Sie bitte die Augen und stellen sich diese Szene so deutlich wie möglich im Geiste vor. Sehen Sie den Polizisten vor sich, der Sie anhält und nach Ihren Papieren fragt? Wie würden Sie wohl reagieren, wenn dies tatsächlich passieren würde? Könnten Sie ihn ernst nehmen? Müssten Sie lachen? Wenn diese Begebenheit in Wirklichkeit passieren würde, würden Sie sie sicherlich sehr lange behalten. Und jedes Mal, wenn Sie einen Lippenstift sehen würden, käme Ihnen wieder der Polizist in den Sinn. Umgekehrt müssten Sie beim Anblick eines Polizisten automatisch an einen Lippenstift denken.

Was könnte man aus dem Pärchen Gärtner und Haarspray machen? Vielleicht Folgendes: Der Gärtner streift mit einer Dose Haarspray bewaffnet durch Ihren Garten und sprüht die verschiedenen Pflanzen und Gräser mit dem Haarspray ein. Sie staunen nicht schlecht, denn es scheint zu wirken: Nie zuvor stand Ihr Rasen so akkurat, und auch Ihre Pflanzen lassen die Blätter nicht mehr hängen. Vielleicht sehen Sie im Geiste aber auch einen Gärtner mit grüner Schürze und Gummistiefeln, der auf Ihrem Kopf mithilfe des Haarsprays einen regelrechten Garten fabriziert. Mit viel Fingerfertigkeit gestaltet er aus Ihren Haaren kleine Bonsaibäumchen und schön geformte Hecken und gibt diesen mit dem Haarspray einen festen Halt. Auch diese Szene würden Sie so schnell nicht vergessen, ob Sie wollen oder nicht.

Mit dieser Methode trainieren Sie Ihre Kreativität schnell und nachhaltig. Sie werden feststellen, dass es Ihnen immer leichter fällt, sich derart verrückte Verknüpfungen auszudenken.

> **➜ WISSENSWERTES**
>
> *Genau so funktioniert die Technik aller Gedächtnisleistungen: Ihr Gehirn verknüpft neues Wissen immer mit irgendetwas anderem. Nur wissen wir eben leider in den seltensten Fällen womit. Deswegen kommen wir an die neue Information oft nicht mehr heran und denken, wir hätten sie vergessen. Doch bei einem bestimmten Lied, an einem bestimmten Ort oder bei einem bestimmten Gedanken fällt uns, wie rein zufällig, die damals unbewusst verknüpfte Information plötzlich wieder ein. Aber in Wirklichkeit handelt es sich nicht um einen Zufall. Wenn wir wüssten, womit die Information in unserem Gehirn verknüpft wurde, könnten wir uns bewusst an sie erinnern.*

Jetzt also zur Übung. Lassen Sie sich bitte durch die Absurdität der Verknüpfungen nicht von der Aufgabe abhalten. Sie wissen doch: Kurioses merken Sie sich leichter! Na dann mal los, frisch ans Werk.

 ÜBUNG: *Kreativitätsspiel Berufe und Kosmetika*

Verknüpfen Sie die aufgeführten Berufe mit den entsprechenden Kosmetikartikeln. Je skurriler und abwechslungsreicher die Verknüpfungsbilder oder gar -filmchen sind, die Ihnen einfallen, desto einprägsamer sind sie auch. Lassen Sie Ihrer Fantasie also völlig freien Lauf – Sie werden überrascht sein, wie schnell Ihre nicht vorhandene oder verloren geglaubte Kreativität wieder zurückkehrt.

* Pilotin – Gurkenmaske
* Frisör – Bodylotion
* Köchin – Rouge
* Taxifahrer – Eyeliner
* Kellnerin – Nagellackentferner
* Lehrer – Lippenkontourstift
* Schmied – Parfum
* Sekretärin – Enthaarungscreme

* Bäcker – Selbstbräuner
* Maler – Nagellack

Wenn Ihre Verknüpfungen wirklich ausgefallen waren, werden Sie sich an die meisten Kosmetikartikel sofort wieder erinnern. Decken Sie die obige Liste ab und notieren Sie die fehlenden Kosmetika, an die Sie sich noch erinnern.

* Pilotin – _____

* Frisör – _____

* Köchin – _____

* Taxifahrer – _____

* Kellnerin – _____

* Lehrer – _____

* Schmied – _____

* Sekretärin – _____

* Bäcker – _____

* Maler – _____

Wenn Sie bei dieser Übung große Schwierigkeiten gehabt haben, was zum jetzigen Zeitpunkt noch absolut in Ordnung ist, dann schauen Sie sich meine folgenden Beispielverknüpfungen an. Sie können Ihnen als Inspiration dienen. Lassen Sie sich anregen und nutzen Sie diese Anregung für Ihre eigenen Verknüpfungen bei den nächsten Übungen. Stellen Sie sich meine Beispiele lebhaft vor Ihrem geistigen Auge vor. Danach machen Sie den obigen Test noch einmal und schauen, wie viel Ihnen diesmal dazu einfällt.

→ *TIPP*

Wenn Sie festgestellt haben, dass die lustigen Filme bei Ihnen sehr gut funktionieren, dann bemühen Sie sich in Zukunft, mit Witz und Humor »zu arbeiten«. Wenn wiederum hässliche oder brutale Bilder nicht oder nur schleppend funktionieren, sollten Sie diese bei zukünftigen Verknüpfungen meiden. Statt hässlicher Bilder oder Geschichten verlegen Sie sich auf lustige Szenen.

Pilotin und Gurkenmaske

Stellen Sie sich vor, Sie sitzen im Flugzeug. Die Pilotin tritt aus dem Cockpit heraus, um die Fluggäste persönlich zu begrüßen. Dabei bemerkt sie nicht, dass sie noch ihre Gurkenmaske auf dem Gesicht hat. Wenn dies wirklich bei Ihrem letzten Flug passiert wäre, könnten Sie sich mit Sicherheit heute noch daran erinnern. Also: Augen schließen und die Szene deutlich im Kopfkino sehen. Und: Gefühle zulassen. Wie würden Sie in Wirklichkeit reagieren?

Frisör und Bodylotion

Ihr Frisör massiert Ihnen statt der gewünschten Haarkur fettige Bodylotion in die Haare. Als er es bemerkt, zieht er sich aus und reibt sich mit dem Rest der Bodylotion am ganzen Körper ein.

Köchin und Rouge

Sie beobachten, wie eine Köchin in einem feinen Restaurant die angebrannten Rinderfilets sehr dick mit Rouge einpinselt. Sie glaubt wohl, die Gäste würden dann nicht bemerken, dass die Filets völlig verbrannt sind.

Taxifahrer und Eyeliner

Sie brauchen dringend ein Taxi. Als Sie an den Taxistand kommen, ist nur ein Taxi da. Der Taxifahrer ist gerade damit beschäftigt, sein komplettes Auto mit einem Eyeliner zu verzieren. Er malt die schönsten Figuren auf den Lack und zeigt nicht das geringste Interesse daran, Sie zu fahren. Sie helfen ihm mit Ihrem eigenen Eyeliner, damit er schneller fertig wird. Zum Dank dafür fährt er Sie nun gratis und in Windeseile ans Ziel.

Kellnerin und Nagellackentferner

Ihre Kellnerin will den Tisch, an dem Sie sitzen, nur noch schnell feucht abwischen. Sie meint es besonders gut und benutzt dazu Nagellackentferner. Aber leider löst sich dabei auch der Lack vom Tisch und es stinkt entsetzlich nach Aceton. Sie haben überhaupt keinen Appetit mehr.

Lehrer und Lippenkontourstift

Als Sie hören, dass der Lehrer Ihres Kindes normale Kulis und Füller verbietet und alle Schüler nur noch mit Lippenkontourstift schreiben lässt, staunen

Sie nicht schlecht. Sie können sich das Geschmiere in den Heften lebhaft vorstellen. Und wieder: Arbeiten Sie mit dem Kopfkino!

Schmied und Parfüm
Stellen Sie sich doch einmal einen Schmied vor, der sich jedes Mal aus einem edlen Glasflakon von Kopf bis Fuß einparfümiert, bevor er ein Eisen schmiedet.

Sekretärin und Enthaarungscreme
Sie betreten ein Büro und die Empfangssekretärin ist gerade dabei, sich ihre Beine mit Enthaarungscreme zu behandeln. Als Sie sie etwas verstört anschauen, fragt sie nur, was denn los sei.

Bäcker und Selbstbräuner
Weil die Brötchen beim Bäcker nicht so richtig braun werden, schmiert er sie immer mit Selbstbräuner ein. Und siehe da: Nun sind die Brötchen knackig braun. Und wieder: Kopfkino einschalten!

Maler und Nagellack
Zum Glück haben Sie mit dem Maler einen Festpreis für das Streichen Ihres Garagentors ausgemacht: Er streicht das riesige Tor nämlich mit Nagellack und dem dazugehörigen winzigen Pinsel.

Die Kettenmethode

Bei der nun folgenden Übung wenden wir bereits die Grundpfeiler der Geisselhart-Technik an. Allerdings werden Sie die Begriffe nicht einfach als einzelne Bilder aufnehmen. Sie werden sich diese in Form einer Szene bzw. Geschichte einprägen, einer sehr »merkwürdigen« Geschichte. Sie wird Ihnen wahrscheinlich sogar ziemlich »blödsinnig« vorkommen. Sie können es auch positiv ausdrücken und die Geschichte als »kreativ« bezeichnen. In beiden Fällen haben Sie Recht.

Die Grundlage der Kettenmethode ist das Verketten einzelner Begriffe unter Zuhilfenahme einer Geschichte – am besten einer lustigen oder skurrilen. Der erste Begriff wird also mit dem zweiten verkettet bzw. verknüpft, der zweite mit dem dritten, der dritte mit dem vierten usw. Konzentrieren Sie sich voll und ganz auf die Geschichte und sehen Sie diese so lebhaft wie möglich vor Ihrem geistigen Auge.

Stellen Sie sich also die nun folgende Geschichte so bildhaft wie möglich vor. Wenn Sie es schaffen, dann lassen Sie auch alle Gefühle zu, die Sie dabei haben. Tun Sie so, als wäre die Geschichte Wirklichkeit. Falls Sie Schwierigkeiten dabei haben, kann ich Sie beruhigen: Ihr »Kopfkino« entwickelt sich mit der Zeit ganz von selbst. So war es bisher noch bei allen Teilnehmern meiner Seminare und so wird es auch bei Ihnen sein. Also auf zum »Verbildern« mit der Übung auf der nächsten Seite.

Na, wie hat es funktioniert? Wenn Sie feststellen, dass einige Lücken klaffen, lesen Sie die Verkettungsgeschichte noch einmal durch. Dieses Mal achten Sie dann noch genauer auf Ihren Film. Lassen Sie dabei ruhig auch die Gefühle heraus, die diese Bilder bei Ihnen bewirken. Finden Sie die Geschichte ruhig skurril, denn das ist sie ja.

Je verrückter eine solche Geschichte ist, desto leichter und länger merken wir sie uns. Unser Gehirn muss alles prüfen, was wir wahrnehmen. Es könnten ja irgendwo Gefahren lauern. Registriert unser Hirn etwas Bekanntes, Ungefährliches, schaltet es gerne ab. Es weiß ja, was passiert. Es ist keine Aufmerksamkeit nötig, denn wir müssen nicht um unser Leben bangen. Registriert unser Hirn jedoch etwas Unbekanntes, darf es nicht abschalten. Es weiß noch nicht, was passiert. Es könnte Gefahr in Verzug sein. Da heißt es wachsam bleiben, voll konzentriert, immer bereit zu fliehen oder anzugreifen. Das Unbekannte könnte eine Bedrohung für unser Leben darstellen.

➡ *WISSENSWERTES*

Ungewöhnliche, lustige, skurrile und vor allem »blödsinnige« Bilder und Filme setzen in unserem Gehirn viel eher die Hypophyse, also die Hirnanhangsdrüse, in Gang. Diese produziert den Botenstoff Dopamin. Und Dopamin, so fanden Neurowissenschaftler heraus, fördert und verstärkt die Aufnahme neuer Informationen. Dopamin wird vor allem durch Gefühle freigesetzt. Wenn ein Mensch starke Gefühle empfindet, schickt die Hypophyse den fürs Abspeichern wichtigen Neurotransmitter Dopamin ins Rennen. Wenn Sie also »blödsinnige« Bilder und Filme in Ihrem Gehirn ablaufen lassen, setzen Sie dadurch den »Gedächtnis-Turbo« ein: Ihre Gefühle.

ÜBUNG: *Kettenmethode Einkaufszettel*

Nehmen wir einmal an, Sie wollen für Ihren nächsten Einkauf

* Mozzarella
* Kartoffelsalat
* Kochschinken
* Gurke
* Tomaten
* Rotwein
* Avocado
* stilles Wasser
* Hühnchenfilets
* schwarze Oliven

im Gedächtnis abspeichern, weil Sie gerade keinen Zettel zur Hand haben, um alles zu notieren. Vor Ihrem inneren Auge sehen Sie jemanden, der in eine leere **Mozzarella-tüte** einen **Kartoffelsalat** hineinmatscht – iih, wie ekelig. Danach wickelt diese Person das Ganze noch in eine dicke Scheibe **Kochschinken,** um sodann mit einer großen grünen **Gurke** darauf zu klopfen, dass es nur so spritzt. Nachdem alles weich geklopft wurde, wird die Gurke in eine große saftige **Tomate** hineingesteckt. Das Fruchtfleisch der Tomate tropft schön ordentlich in ein Glas **Rotwein**. Stellen Sie sich das mal vor, pfui Teufel. Dann wird der Rotwein von einer überreifen **Avocado,** die dieser Jemand ins Glas drückt, aufgesaugt. Nun können wir ganz entspannt **stilles Wasser** ins saubere Glas schütten. Darin waschen wir die **Hühnchenfilets** fein säuberlich ab und reiben solange **schwarze Oliven** darüber, bis das Fleisch ganz schwarz geworden ist.

Ziemlich abgefahren, nicht wahr? Nun testen Sie doch gleich mal, wie viel Sie noch wissen. Lassen Sie dazu die Geschichte von eben noch mal in Ihrem Kopfkino ablaufen. Stellen Sie sich also bildlich vor, was als Erstes auf Ihrer Liste stand. Wenn Sie dieses Bild im Geist sehen, müsste automatisch auch das nächste, mit dem ersten verkettete, wieder auftauchen. Und so weiter und so fort.

Mozzarella

_____   _____

_____   _____

_____   _____

_____   _____

_____   _____

KOPFTRAINING
für das
PRIVATLEBEN

Stellen Sie sich vor, Sie bräuchten für wichtige Erledigungen keine Zettel mehr, Telefonnummern hätten Sie ebenso im Kopf wie die Geburtstage und Jubiläen Ihrer Lieben. Namen von Menschen, die Sie neu kennenlernen, könnten Sie sich zuverlässig merken und sogar die wichtigen Details des letzten Gespräches blieben Ihnen im Gedächtnis. Das macht Sie selbstbewusster und sympathischer, denn Ihr Gegenüber freut sich über Ihre Wertschätzung. Nutzen Sie Ihr Gedächtnis richtig – und all das wird für Sie schon sehr bald mit Leichtigkeit und Spaß machbar sein.

Zahlen spielend behalten

Nachdem Sie die Grundtechnik des Verknüpfens nun beherrschen, können wir eine Stufe weiter nach oben klettern. Noch ist es für Sie sehr umständlich, selektiv auf bestimmte Gegenstände der gespeicherten Liste – z. B. Ihrer Einkaufsliste – zuzugreifen. Aus dem einfachen Grund, weil sie in einer Kette hintereinander aufgereiht und nicht direkt an die Position in der Liste geknüpft sind. Sie müssten also, um festzustellen, was an fünfter Stelle steht, die Liste im Geiste bis fünf durchgehen und mitzählen. Dies ist jedoch umständlich. Praktischer wäre es doch, direkt auf die einzelnen Punkte zugreifen zu können. Bei einer Einkaufsliste ist das vielleicht nicht lebensnotwendig. Bei einer Erledigungsliste macht es jedoch schon Sinn zu wissen, an welcher Stelle welche Erledigung steht; denn nur dann können Sie einzelne Punkte spontan vorziehen oder zurückstellen.

Das auch Zahlen in Bildern abgespeichert sein sollten, wird besonders wichtig, wenn es darum geht, sich Telefonnummern, PINs, Geburtstage, Geheimzahlen, Geschichtsdaten usw. zu merken. Das funktioniert nämlich am allerbesten mit den folgenden Zahlensymbolen der Geisselhart-Technik. Dass das Speichern von Informationen mit Bildern wesentlich besser funktioniert, wissen Sie ja bereits. Sie haben es mithilfe der Übungen sogar schon selbst ausprobiert. Beim nächsten Test werden Sie sehen, dass Sie mit den Zahlensymbolen selbst Zahlenreihen leicht und vor allem effizient speichern und auch wieder abrufen können.

Die Zahlensymbole von 1 bis 10

Wenn Sie selbst Bilder für die Zahlen von eins bis zehn kreieren sollten, welche Symbole würden Sie nehmen? Wie würden Ihre Zahlenbilder aussehen? Was könnten Sie an der entsprechenden Zahl verbildern? Vielleicht die Form oder die Anzahl? Denken Sie beispielsweise an die Zahl zwei. Wie sieht diese aus? Woran erinnert Sie die Form der Zwei? Richtig: an einen Schwan. Der Schwan sieht von der Form her eindeutig aus wie eine Zwei. Die Eins vielleicht wie eine Kerze? Einverstanden? Und die Drei? Schauen Sie sich doch mal die folgenden Zahlensymbole an und versuchen Sie den Zusammenhang zur Zahl herzustellen.

Die Zahlensymbole nach der Geisselhart-Technik: 0–10

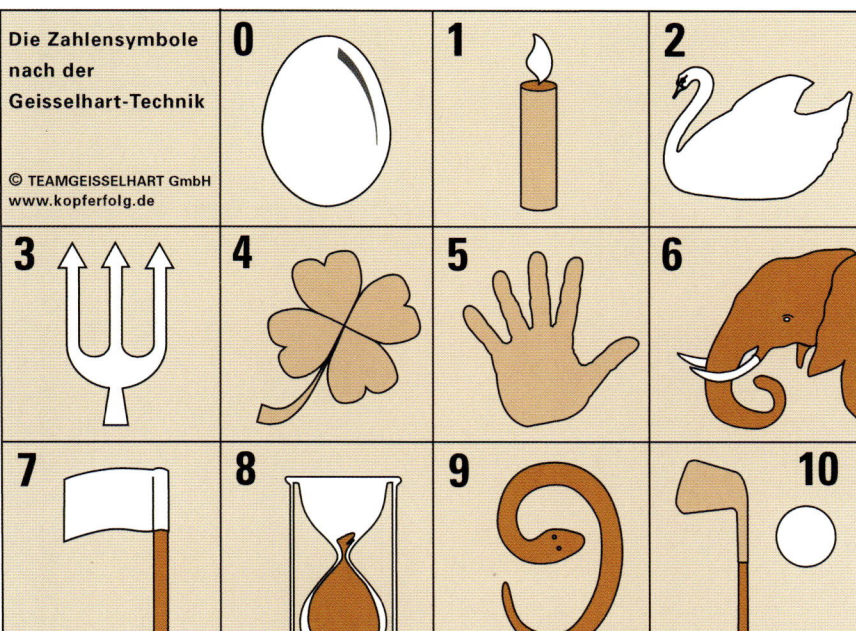

Wahrscheinlich haben Sie den Zusammenhang zwischen Zahl und Bild bei den einzelnen Zahlen sofort erkannt. Jede Zahl wurde so verbildert, dass das Bild möglichst eindeutig an die entsprechende Zahl erinnert. Zur Sicherheit seien sie hier trotzdem noch einmal kurz erklärt:

* Das Hühnerei sieht von der Form her aus wie eine 0. Es ist rund oder eiförmig wie die 0.
* Die Kerze ähnelt von ihrer Form her einer 1. Sie ist gerade wie die 1.
* Der Schwan sieht genau aus wie eine 2. Er hat exakt die Form der 2.
* Der Dreizack hat drei Zacken. Die drei Zacken erinnern uns an die 3.
* Das vierblättrige Kleeblatt hat vier Blätter. Diese erinnern uns an die 4.
* Die Hand hat fünf Finger. Auch hier denken wir durch die fünf Finger direkt an die 5.

* Der Elefant formt mit seinem Rüssel eine 6. Hier ist es also wieder die Form, die uns an die Zahl 6 denken lässt.
* Die Fahne oder der Wimpel erinnert uns von der Form her an eine 7. Er steht also für die 7.
* Die Sanduhr sieht aus wie eine 8. Auch hier hat das Symbol dieselbe Form wie die Zahl, nämlich die 8.
* Die Schlange kringelt sich zu einer 9 und formt damit selbst die 9.
* Und beim Golfschläger mit Ball denken wir natürlich sofort an die 10: Der Schläger sieht aus wie eine 1 und der Ball wie eine 0.

➡ *WISSENSWERTES*

In meinen Vorträgen fragen an dieser Stelle immer ein paar Teilnehmer: »Wieso nehmen wir nicht die Kerze und das Hühnerei für die Zehn? Das wäre doch einfacher, dann müssten wir uns nicht zusätzlich ein neues Bild merken.«
Auf den ersten Blick scheint dies so. Allerdings verknüpfen wir ja in der Anwendung die Zahlensymbole auch mit Erledigungen, Stichpunkten für eine freie Rede oder Argumenten für ein Gespräch oder eine Diskussion. Wenn wir nun den zehnten Punkt mit der Kerze und dem Ei verknüpfen wollten, würde uns unweigerlich sofort die unter Punkt 1 bei der Kerze gemerkte, also mit der Kerze verknüpfte Information, im Geiste erscheinen. Wir können also für jedes Symbol nur einen einzigen Punkt abspeichern und können keinen zweiten auf dasselbe Symbol in derselben Liste legen.

Wenn es allerdings allein ums Zahlenmerken geht, so benötigen wir hierfür nicht zwingend das Bild für die Zahl Zehn. Wir können es uns aus den Bildern von Null bis Neun konstruieren. Die folgenden Übungen und Beispiele machen Ihnen dies deutlich. Und trotzdem ist ein eigenes Bild für die zweistellige Zahl Zehn von Vorteil: Wir müssen weniger verknüpfen und sind dadurch schneller. Später werden wir uns aus diesem Grund noch die Bildsymbole bis 20 anschauen. Damit sind dem Zahlenmerken dann absolut keine Grenzen mehr gesetzt. Jetzt aber zu den Übungen, damit Sie zum Meister im Zahlenmerken werden.

Telefonnummern, Geburtstage, PINs sicher gemerkt

Nehmen wir mal an, Sie wollten sich eine dreistellige Geheimzahl für ein Koffer-schloss merken. Sollten Sie jetzt denken: »Hey, eine dreistellige Geheimzahl kann ich mir auch so merken, dafür brauch' ich keine Gedächtnistechnik.« – dann haben Sie damit bestimmt Recht. Für den Einstieg ins Thema Zahlenmer-ken eignet sich dieses Beispiel jedoch besser als eine elfstellige Handynummer. 7-5-9 ist die Schlosskombination. Also Fahne – Hand – Schlange. Nun sollten diese Symbole eine einprägsame Geschichte ergeben. Wichtig hierbei ist, dass darin der Koffer die Hauptrolle spielt. Es ist ja die Zahlenkombination für das Schloss des Koffers. Würde der Koffer in der Geschichte nicht vorkommen, hätten Sie nachher eine Zahl gespeichert, aber Sie könnten sie nach einer Weile nicht mehr zuordnen. Stellen Sie sich aus diesem Grund also jetzt den Koffer vor. Auf einmal öffnet er sich wie von selbst, es liegt eine große Fahne darin. Als Sie diese herausnehmen wollen, stechen Sie sich versehentlich damit in die Hand. Das Blut wird nun von einer Schlange, welche gerade aus dem Koffer riecht, abge-leckt. Eklige Story, nicht wahr? Und deshalb »merk-würdig«. Wie sieht Ihre Geschichte zu dieser Zahl aus? Vielleicht lustig oder gruselig? Wichtig ist, dass sie einprägsam ist. Sie wissen schon, warum: damit Dopamin ausgeschüttet wird.

Lassen Sie bitte Ihrer Fantasie bei den fol-genden Übungen freien Lauf. Basteln Sie verrückte Geschichten aus den Zahlenkom-binationen und denken Sie daran, das Ele-ment, zu der die Zahlen gehören, mit in die Geschichte einzubauen. Lassen Sie die Film-szenen so echt wie möglich erscheinen und beachten Sie auch Ihre Gefühle dazu. Denn auch Gefühle helfen, wie bereits erwähnt, dem Gedächtnis oft auf die Sprünge.

> ➡ *TIPP*
>
> *Sollten Sie mit den Zahlen aus dem Einstiegstest Schwierigkeiten gehabt haben, so werden Sie sehen, wie einfach diese mit der richtigen Technik abzuspeichern sind. Auch wenn diese Methode am Anfang noch etwas Zeit benötigt, werden Sie im Verlauf des Buches und mit zunehmendem Training schnell Fortschritte machen. Ihre Abspei-cherungsgeschwindigkeit wird sich drastisch erhöhen.*

ÜBUNG: *Zahlen und Daten speichern*

* Ihre Handy-PIN: 9726
* Geburtstag einer Freundin: 24. 08. 1968
* Gründungsdatum Rotaryclub: 23. 02. 1905
* Die Telefonnummer Ihrer Versicherung: 0 23 01/85 51 92

Wenn Ihre Geschichten ausgefallen genug sind und Sie diese auch deutlich im Kopfkino gesehen haben, müssten sie nun ganz gut sitzen. Testen Sie das gleich hier einmal.

Ihre Handy-PIN: _____

Geburtstag einer Freundin: _____

Gründungsdatum Rotaryclub: _____

Die Telefonnummer Ihrer Versicherung: _____

Wenn Sie wissen wollen, wie ich die Zahlen verbildern würde, hier meine Vorschläge:

* Ihre Handy-PIN: 9726
Aus Ihrem Handy kriecht eine Schlange (9) und will Sie gerade, als das Handy klingelt und Sie es ans Ohr halten, in den Hals beißen. Zum Glück bemerken Sie die gefährliche Schlange noch rechtzeitig und zücken schnell die weiße Fahne (7), um der Schlange ein Friedensangebot zu machen. Ein Schwan (2) beobachtet verdutzt, wie Sie die Fahne schwenken. Er kommt in Windeseile auf Sie zugelaufen. Im Schlepptau hat er einen Elefanten (6) an der Leine, der sich, um die Robustheit Ihres Handys zu demonstrieren, mit seinem Vorderfuß darauf stellt.

✳ Geburtstag einer Freundin: 24. 08. 1968

Die 19 von 1968 würde ich bei Geburtstagen nie speichern. Denn das Jahrhundert ist ja von vornherein klar, meist sogar das Jahrzehnt. Auch die Null vor der Acht können wir getrost außen vor lassen, weil wir ja wissen, dass es sich bei der Acht um den Monat handelt. Zuerst stelle ich mir die Freundin vor. Sie reitet auf einem Schwan (2) über eine grüne Kleewiese (4). Plötzlich zückt meine Freundin eine schöne antike Sanduhr (8). Darauf wird ein Elefant (6) aufmerksam, denn er hat auf seinem Kopf als Kopfschmuck auch eine wunderschöne antike Sanduhr (8).

✳ Gründungsdatum Rotaryclub: 23. 02. 1905

Hierbei merke ich mir auch die Eins und die Neun von 1905, denn das Gründungsdatum könnte ja auch 1705 oder 1805 sein. So sehe ich also ein herrschaftliches Club-Zimmer mit rotierenden Menschen darin. Das ist mein Bild für den Rotaryclub. Nun gibt es dort ein leckeres Essen. Ein Schwan (2) kommt herein, er hält einen Dreizack (3) im Flügel. Darauf aufgespießt ist ein weiterer Schwan (2). Dieser wird nun über einer Kerze (1) gegrillt. Dazu gibt es als Beilage eine kleine zarte Schlange (9), garniert mit einem hartgekochten Hühnerei (0). Gegessen wird im Rotaryclub wie früher: mit der Hand (5).

✳ Die Telefonnummer Ihrer Versicherung: 0 23 01/85 51 92

Oft können Sie sich die Vorwahl schenken, denn Sie wissen sie sowieso. Auf jeden Fall beginnt jede Vorwahl mit Null, also ist es nicht nötig, sie zu verbildern. Ich sehe nun das Gebäude meiner Versicherung, meine Police, den Sachbearbeiter, die TV-Werbung, das Logo oder ein anderes Bild, das mich an meine Versicherung erinnert. Aus dem Versicherungsgebäude kommt ein Schwan (2) herausgewatschelt. Er spießt mit einem Dreizack (3) ein Ei (0) auf. Dieses brate ich mir unter Zuhilfenahme einer Kerze (1). Die Kerze brennt so langsam ab, wie der Sand durch die daneben stehende Sanduhr (8) rinnt. Als der Sand komplett durchgelaufen ist, bleiben im oberen Glaskolben interessanterweise zwei Hände (55) zurück – aus Plastik natürlich. Diese erhitze ich mit einer weiteren Kerze (1). Dadurch schmelzen sie und nehmen eine längliche Form an, die aussieht wie eine Schlange (9). Da mir die Schlange nicht gefällt, forme ich mir daraus lieber einen Schwan (2).

Die Zahlensymbole bis 20

Sollten Sie sich beruflich oder privat viele Zahlen merken müssen oder wollen, ist es sinnvoll, auch die Zahlensymbole bis 20 zu kennen. Dadurch ersparen Sie sich so manche Verknüpfung. Denn jede zweistellige Zahl zwischen 11 und 20 können Sie damit sofort verbildern, also mit einem eigenen Bild verbinden. Sie sparen dadurch Zeit und behalten die Zahlen noch sicherer.

Die Zahlensymbole nach der Geisselhart-Technik: 11–20

Und so erklären sich die Symbole für die Zahlen von 11 bis 20:

* Die beiden Spaghetti sehen, wie sie da über der Gabel hängen, wie eine 11 aus.
* Beide Zeiger des Weckers stehen auf 12.
* Der Schwanz der Katze bildet die 1 und der Umriss des Körpers die 3, ergibt 13.

* Gerader Blitz für die 1, gezackter für die 4, ergibt 14.
* Der Aufzug hält im 15. Stock. Außerdem symbolisiert die linke Wand die 1, und die Person im Lift sieht aus wie eine 5.
* Die Angelrute ist die 1, der Haken die 6. Sieht aus wie eine 16.
* Die gerade Seite des Zeichendreiecks ist die 1, die andere die 7, ergibt 17.
* Der Baum ist die 1, die beiden Löcher im Vogelhäuschen (Ein- und Ausgang) stehen für die 8 – also 18.
* Die Schnur des Luftballons formt eine 1, sie geht dann mit dem Ballon über in die 9 – schon haben wir eine 19.
* Die 20 ist ein Schlitten (für die 2) mit einem Sack voller Geschenke (für die O) darauf.

Hier ein Praxisbeispiel: Die Telefonnummer einer Reinigung (0176/193 11 20) lässt sich nun sehr schnell, einfach und sicher merken: Die Null wird vernachlässigt, weil jede Telefonnummer damit beginnt. Mit dem Zeichendreieck messen wir die Größe des Reinigungsgeschäfts aus. Da kommt ein Elefant in den Laden. Er hat einen Luftballon am Stoßzahn. Wir pieksen mit dem Dreizack hinein. Er platzt auf und lauter Spaghettis fallen heraus. Wir packen sie auf einen großen Schlitten und schieben diesen aus der Reinigung hinaus. So ist es dort auch wieder schön sauber.

Wir haben also bei dieser Geschichte nur fünf Verknüpfungen: Zeichendreieck (17), Elefant (6), Luftballon (19), Dreizack (3), Spaghetti (11), Schlitten (20). Ohne die Symbole für die Zahlen von elf bis zwanzig hätten wir dagegen genau doppelt so viele benötigt!

➡ *TIPP*

Achten Sie beim Zahlenmerken unbedingt auf Zweierkombinationen zwischen zehn und zwanzig. Suchen Sie diese bewusst, denn das erspart Ihnen sehr viel Zeit.

Natürlich können und sollen Sie beim Zahlenmerken auch Ihre persönlichen Zahlenbilder einbringen. So kann es sein, dass Sie eine Telefonnummer oder ein Datum behalten wollen, das beispielsweise Ihr Geburtsdatum, das Ihres Partners/Ihrer Partnerin oder Ihr Alter beinhaltet. Es können aber auch beliebige andere allgemeingültige Zahlenbilder in der Zahlenkombination versteckt sein, die Sie sich merken wollen:

✱ 1945323: Hier entdecken wir das Ende des ersten Weltkriegs und einen Mazda 323 oder einen 323er BMW.

✱ 9114711: Vorne versteckt sich ein Porsche 911 und hinten duftet es nach Echt Kölnisch Wasser.

✱ 69007: 69 könnte Ihr Geburtsjahr sein und 007 ist James Bond.

Nutzen Sie also die Symbole und Ihre persönlichen Bilder. Sie werden merken, wie einfach es in der Praxis funktioniert. Natürlich nicht sofort – geben Sie sich ein wenig Zeit zum Erlernen und Üben. Wenn Sie die Methode verinnerlicht haben, werden Sie nie wieder darauf verzichten wollen.

Private Erledigungsliste merken

Nehmen wir mal an, Sie müssten die unten aufgeführten Tätigkeiten erledigen. Und da Sie ständig in Bewegung und unterwegs sind, ist es lästig, dabei auch noch auf einen Zettel zu spicken, um nachzuschauen, was als Nächstes auf der Liste steht. Daher haben Sie sich vorgenommen, die einzelnen Erledigungen im Kopf zu notieren. Dann, so glauben Sie, können Sie sich voll auf die jeweilige Tätigkeit konzentrieren und haben trotzdem sicher und zuverlässig alle To-Dos jederzeit abrufbereit im Geiste. Und dieser Meinung bin ich auch.

Bei einer Erledigungsliste verknüpfen wir den ersten Punkt mit dem Zahlensymbol für die Zahl eins. Die zweite Erledigung wird mit dem Symbol für die Zwei verknüpft usw. Immer dann, wenn Sie nun an ein belegtes Symbol denken, fällt Ihnen automatisch – eine »merk-würdige« Verknüpfung vorausgesetzt – die damit verknüpfte Erledigung ein. Ist die erste Erledigung des Tages beispielsweise ein Besuch bei Ihrer Bank, um die aktuellen Kontoauszuge abzuholen, integrieren Sie einfach die Kerze auf möglichst skurrile Art und Weise. Damit hätten Sie sich die erste Tätigkeit bereits gemerkt.

Eine mögliche Verknüpfungsgeschichte: Sie machen sich schon sehr früh am Morgen auf den Weg zur Bank. Draußen ist es noch dunkel. Sie zünden eine Kerze an und leuchten sich den Weg. An der Bank angekommen, tropft das flüssige Wachs in den Kontoauszugdrucker. Sie haben große Mühe, die mit Kerzenwachs verklebten Auszüge aus dem Druckerschacht zu ziehen.

Mit diesem kleinen Film haben Sie die Szene sicherlich zuverlässig abgespeichert. Wenn Sie nun an die Kerze denken, fällt Ihnen die Geschichte mit Sicherheit wieder in allen Details ein. Für die Erledigung selbst sind die Details nicht nötig, aber unerlässlich fürs Speichern und Abrufen. Als zweites wollen Sie am heutigen Tag endlich mal wieder Ihren Papierkram ablegen. Im Geiste hilft Ihnen dabei ein Schwan. Er macht mit seinen kräftigen, großen Flügeln einmal richtig Wind. Und schon fliegen die verschiedenen Papiere bestens vorsortiert auf einzelne Stapel. Nun ist es leicht für Sie, die Ablage vorzunehmen. Das Geheimnis liegt in der realitätsnahen, gleichzeitig aber doch absurden Vorstellung, die Sie sich machen. Je wirklichkeitsgetreuer Sie sich diese Szenen vorstellen, desto besser, schneller und sicherer speichern Sie sie auch. Wenn Ihnen nun wirklich ein Schwan helfen würde? Diese Szene würden Sie doch Ihr Leben lang nicht vergessen, oder? Gut, Sie würden die Geschichte wahrscheinlich auch niemandem erzählen. Aber Sie würden sie behalten. Und genau so machen Sie es bitte mit der Erledigungsliste auf der rechten Seite. Integrieren Sie auf möglichst absurde und bizarre Art und Weise das jeweilige Zahlensymbol in die Erledigung. Fragen Sie sich dabei bitte jedes Mal, ob die Geschichte für Ihr Empfinden auch wirklich absurd ist. Wenn nicht, sollten Sie sie noch einmal verändern.

Die ersten beiden Erledigungspunkte haben wir bereits gemeinsam verknüpft. Wenn Sie sich diese beiden Punkte in Ihrem Kopfkino vorgestellt haben, sind sie schon abgespeichert. Dann machen Sie mit der dritten Erledigung weiter. Viel Erfolg!

> ➜ *TIPP*
>
> *Gedächtnisweltmeister trainieren oft nur ca. 15 bis 20 Minuten pro Tag. Diese Zeit könnte wahrscheinlich fast jeder aufbringen. Meine Empfehlung allerdings lautet: Erlernen Sie die richtige Technik und wenden Sie diese im Alltag an. Dann haben Sie praktischen Nutzen und Training zugleich, ohne zusätzlichen Zeitaufwand. Außerdem beugen Sie damit Alzheimer vor und halten Ihr Gehirn fit und leistungsfähig.*

ÜBUNG: *To-do-Liste abspeichern*

Sie wollen also am heutigen Tag:

1. Kontoauszüge von der Bank holen
2. Ihren Papierkram sortieren und ablegen
3. Ihre Kinder in die Schule fahren
4. die Schwiegermutter besuchen
5. Ihren Nachbarn vom Arzt abholen
6. einen Kiste Rotwein kaufen
7. bei der Volkshochschule vorbeischauen und sich für den Spanischkurs anmelden
8. ins Fitnessstudio gehen
9. Ihre E-Mails beantworten
10. eine Freundin anrufen, um einen Termin für diese Woche auszumachen.

Und hier können Sie gleich im Anschluss testen, wie gut Ihr Gedächtnis mit den Zahlensymbolen funktioniert. Tragen Sie die Erledigungen einfach stichpunktartig ein.

1. _____
2. _____
3. _____
4. _____
5. _____
6. _____
7. _____
8. _____
9. _____
10. _____

Na, haben die skurrilen Verknüpfungen gut funktioniert? Wenn nicht, dann ist das kein Beinbruch. Wir sind ja erst am Anfang.

Aber Übung macht ja bekanntlich den Meister; darum müssen wir auch noch ein paar Übungen durchlaufen. Dafür ist dieses Buch schließlich da. Seien Sie sicher: Alles wird gut. Als Anregung für Ihre Kreativität sehen Sie gleich, wie ich mir diese Erledigungen merke, wie ich sie also verbilder bzw. verknüpfen würde.

Beispiele

1. Kontoauszüge von der Bank holen
   Siehe oben

2. Ihren Papierkram sortieren und ablegen
   Siehe oben

3. Ihre Kinder in die Schule fahren
   Damit Ihre Sprösslinge richtig Spaß daran haben, bekommt jedes Kind einen großen Dreizack, so wie Neptun, der Meeresgott. Damit rennen sie über den Schulhof und pieksen die Lehrer in den Hintern.

4. Die Schwiegermutter besuchen
   Ihre Schwiegermutter ist ausnahmsweise eine wirklich nette Person. Und so bringen Sie ihr einen großen Strauß vierblättriger Kleeblätter mit. Ihre Schwiegermutter nimmt sogleich vier Kleeblätter und steckt sie sich ins Haar. Sie sieht nun ein bisschen aus wie ein Blütenmädchen auf Hawaii. Aber nur ein bisschen.

5. Ihren Nachbarn vom Arzt abholen
   Ihr Nachbar hat sich an der Hand (natürlich nur für die Verknüpfung!) verletzt. Er hat sich tatsächlich alle fünf Finger gequetscht. Seine Hand wurde dabei groß wie ein Toilettendeckel. Aber der Arzt hat das wieder prima hingekriegt. Als Sie ihn abholen, sieht seine Hand schon wieder ganz normal aus.

6. Einen Karton Rotwein kaufen
   Der Karton ist so schwer, dass Sie sich einen Elefanten vom Weinhändler leihen. Das Tier trägt Ihnen nun den Karton Rotwein nach Hause. Zum Dank

dafür spendieren Sie ihm eine Flasche und er saugt sie direkt mit seinem Rüssel leer. Lecker.

7. Bei der Volkshochschule vorbeischauen und sich für den Spanischkurs anmelden
Die VHS ist komplett mit spanischen Fahnen geschmückt. Es gibt Paella und eine Flamencotruppe tanzt. Als Sie Ihr Anmeldeformular unterschreiben wollen, merken Sie, dass es voller Paellareste ist. Sie probieren mal und – hm – schmeckt gut.

8. Ins Fitnessstudio gehen
Die Probestunde, die Sie heute besuchen, heißt: »Mit der Sanduhr zur perfekten Fitness«. Ein ganz neues Konzept: Man trainiert nicht mit Hanteln, sondern mit Sanduhren. Je nachdem, wie stark man ist, wird die Sanduhr mit mehr oder weniger Sand gefüllt. Das Ganze sieht Ihrer Meinung nach eigenartig aus, aber Sie lassen es auf einen Versuch ankommen.

9. Ihre E-Mails beantworten
Sie haben Ihre E-Mails schon seit geraumer Zeit nicht mehr beantwortet. Der Grund liegt darin, dass Ihr PC in Ihrem Haus leider im Keller steht. Dort tummelten sich in letzter Zeit sehr viele Schlangen, die Ihnen aber versprochen haben, sie würden demnächst wieder verschwinden. Also haben Sie einige Tage lang gewartet. Jetzt wollen Sie endlich nachschauen, ob die Schlangen Wort gehalten haben. Tatsächlich – weg sind sie. Nun können Sie in Ruhe Ihre Mails beantworten.

10. Eine Freundin anrufen, um einen Termin für diese Woche auszumachen
Als Sie den Telefonhörer abheben, bekommen Sie kein Freizeichen. Ihr Telefon ist tot. Kein Problem. Sie schreiben Ihrer Freundin den gewünschten Termin einfach aufs Telefon. Dann nehmen Sie Ihren Golfschläger zur Hand und schlagen das komplette Telefon mit einem kräftigen Schlag bis zu Ihrer Freundin. Sie schreibt darauf, dass es ihr passt und schlägt das Telefon wieder zu Ihnen zurück.

Nie wieder Namen vergessen

Jeder hat die folgende Situation schon einmal erlebt: Sie treffen einen Bekannten, Kunden, Partner, Mitarbeiter zum zweiten oder x-ten Mal – und, wie kann das sein, Sie können sich beim besten Willen nicht mehr an seinen Namen erinnern. Außerdem haben Sie nur noch eine vage Vorstellung davon, worum es beim letzten Treffen ging, und was er Ihnen im Detail erzählt hat. Dabei würden Sie viel sympathischer wirken, wenn Sie sich daran erinnern könnten. Natürlich können Sie jetzt nachfragen, aber meistens ist das einfach peinlich. Besonders, wenn der andere Ihren Namen kennt und sich gut an das letzte Zusammentreffen und das Gespräch von damals erinnert.

Noch schlimmer kann es kommen, wenn Sie eine Ihnen schon lange bekannte Person in einer völlig neuen Umgebung treffen. Sie wissen genau, dass Sie die Person kennen, aber der Name will Ihnen nicht einfallen. Dabei kann das doch ganz einfach sein: mit der »Geisselhart-Technik des Gedächtnis- und Mentaltrainings.« Sie müssen sich nur trauen und gleich loslegen.

➡ *IN SECHS SCHRITTEN ZUM ERFOLG*

Mit den folgenden sechs Punkten speichern Sie Namen und Gesichter mühelos und dauerhaft:

1. *Person, Gesicht, evtl. auffällige Merkmale bzw. Verhaltensweisen oder Tätigkeiten beachten (am Telefon das Anliegen der Person benutzen)*
2. *Namen deutlich hören*
3. *Namen verbildern*
4. *Bild des Namens mit dem Bild der Person, des Gesichts oder dem auffälligen Merkmal, der Verhaltensweise oder der Tätigkeit verknüpfen (am Telefon gilt das Anliegen als Bild)*
5. *Das Verknüpfungsbild bzw. die Filmszene mit allen Sinnen erleben*
6. *Die Verknüpfung bleibt Ihr Geheimnis!*

Beispiel

Sie treffen Frau Botchek. Ihre Haare sind sehr lang, sie reichen bis an die Hüften. Nun gehen Sie obige sechs Schritte einen nach dem anderen durch:

1. Person, Gesicht, evtl. auffällige Merkmale, Verhaltensweisen oder Tätigkeiten beachten: Die Haare sind das auffällige Merkmal.

2. Namen deutlich hören: Achten Sie dabei auf die richtige Aussprache und machen Sie es sich zur Gewohnheit, den Namen immer selbst noch einmal auszusprechen.

3. Namen verbildern: Als Bild für den Namen Botchek fällt Ihnen, in Silben zerlegt, für die erste Silbe »Bot« ein Boot oder Boccia ein. Bei »Chek« denken Sie an Scheck.

4. Bild des Namens mit dem Bild der Person, des Gesichts oder dem auffälligen Merkmal verknüpfen: An den langen Haaren hängen Boccia-Kugeln. Diese bezahlt sie mit einem Scheck.

5. Mit allen Sinnen erleben: Stellen Sie sich diese Szene so echt wie möglich vor. Lassen Sie alle Gefühle zu, die Sie hätten, wenn Sie diese Szene in Wirklichkeit sehen würden.

6. Die Verknüpfung bleibt Ihr Geheimnis!

Damit Sie nicht Frau Bocciascheck sagen, muss Ihnen natürlich bewusst bleiben, dass das Bild nur ein Anstoß in die richtige Richtung sein soll. Da unser Gehirn nach dem »Ähnlichkeitsgesetz« funktioniert, reicht es, wenn das Bild ähnlich ist. Sie kommen über dieses Bild mit 90-prozentiger Sicherheit auf den Namen.

Wenden Sie diese Technik zum Speichern von Namen gleich einmal bei den folgenden Namen an. Sie werden sehen, wie einfach Sie sich diese merken können.

ÜBUNG: *Namen und Gesichter behalten*

Name: Herr Kostreva
Auffälliges Merkmal: Er hat einen grauen Vollbart.

Bild für den Namen: _____

Verknüpfungsgeschichte mit auffälligem Merkmal: _____

Name: Frau Spiller
Auffälliges Merkmal: Sie trägt gerne bunte Kleidung.

Bild für den Namen: _____

Verknüpfungsgeschichte mit auffälligem Merkmal: _____

Name: Herr Winzinger
Auffälliges Merkmal: Er hat einen Ohrring.

Bild für den Namen: _____

Verknüpfungsgeschichte mit auffälligem Merkmal: _____

Name: Herr Fierek
Auffälliges Merkmal: Er raucht Zigarre.

Bild für den Namen: _____

Verknüpfungsgeschichte mit auffälligem Merkmal: _____

Name: Frau Kiwitt
Auffälliges Merkmal: Sie hat gefärbte Strähnen im Haar.

Bild für den Namen: _____

Verknüpfungsgeschichte mit auffälligem Merkmal: _____

Wenn Sie geeignete Verknüpfungen gebastelt haben, müssten Sie sich auch die Namen zu den auffälligen Merkmalen gemerkt haben.

Auffälliges Merkmal: Hat einen grauen Vollbart

Name: _____

Auffälliges Merkmal: Trägt gerne bunte Kleidung.

Name: _____

Auffälliges Merkmal: Hat einen Ohrring.

Name: _____

Auffälliges Merkmal: Raucht Zigarre.

Name: _____

Auffälliges Merkmal: Hat gefärbte Strähnen im Haar.

Name: _____

Beispiele

Meine Verknüpfungen würden folgendermaßen aussehen:

* Herr Kostreva steht am Kiosk, will Zigaretten kaufen und fragt: »Was kost' die Reval?« Der graue Bart kommt daher, dass er so viel Reval raucht.

* Frau Spiller spielt gern. Sie trägt auch gerne Kleidung, die so bunt wie Spielzeug ist.

* Herr Winzinger hat einen Ohrring – aber nur einen winzigen.

* Herr Fierek bläßt den Rauch seiner Zigarre gerne als großes Viereck (nicht als Ring) in die Luft.

* Frau Kiwitt hat ihre Strähnchen mit Kiwi gefärbt. Essen möchte sie die Kiwi nicht. Die ist für sie igitt.

Infos zu Personen im Kopf behalten

Besonders die »kleinen« Dinge, die Sie nebenbei von Ihren Mitmenschen erfahren und sich merken, signalisieren dem anderen: Hey, dieser Mensch interessiert sich für mich, er hat aufmerksam zugehört und ist nicht so oberflächlich wie manch anderer. Vielleicht sind diese anderen auch gar nicht so oberflächlich. Sie wirken aber so, weil sie sich schlichtweg nicht mehr an die besagten Kleinigkeiten erinnern können.

Wenn Sie sich an die Details erinnern, die Ihnen Ihr neuer Nachbar Herr Maier bezüglich des aktuellen Projekts »Garten gestalten« beschrieben hat, wenn Ihnen im rechten Moment einfällt, dass Frau Schmidt im Zillertal beim Skilaufen war, dann sind das Beweise dafür, dass Sie gut zuhören können und Ihnen Ihre Mitmenschen wichtig sind – vorausgesetzt natürlich, Sie können sich zuverlässig und exakt erinnern.

Stellen Sie sich vor, Sie könnten ab sofort alle wichtigen Fakten und Daten, die mit den Ihnen bekannten Personen zusammenhängen, präzise und exakt dann aus Ihrem Gedächtnis abrufen, wenn Sie sie brauchen! Sie wissen noch genau, dass Herr Plaschke ein passionierter Jäger ist, dass Frau Schalluski beim letzten Besuch ganz nervös auf die Geburt ihres dritten Enkelkindes wartete und dass die sympathische Frau Lindner Ihnen anvertraut hat, von ihrem neuen Nachbarn hellauf begeistert zu sein. Wenn Sie nun diese Kleinigkeiten im passenden Moment wieder abrufen und in das Gespräch einfließen lassen können, wird Ihnen das deutliche Sympathien – und spürbar bessere Beziehungen – verschaffen.

➡ *PERFEKTION WECKT AGGRESSION!*

Wer ständig nach übertriebener Perfektion strebt, ist selten zufrieden und glücklich. Denn Perfektion kann man nur selten, und oft gar nicht, erreichen. Also seien Sie ruhig auch mit »nur« 80 Prozent Richtigen zufrieden. Wie sich dieser Perfektionszwang auf Prüfungen und Lernstoff, sowohl bei Erwachsenen als auch bei Kindern auswirkt, erfahren Sie in Kapitel 4.

TEST: *Wie gut sind Sie schon?*

Sie haben erfahren, dass

* Frau Rosenthal alte Tarzan-Comics sammelt,
* Herr Zander sich auf seinen neuen Firmenwagen freut,
* Oberlehrer Gauder sich für Schottland interessiert,
* Ihre Kollegin Frau Reinelt bei der letzten Messe sehr nervös war, weil ihre Tochter gerade in der schriftlichen Abiturprüfung steckte,
* Ihr Nachbar Herr Lappovski Japanisch an der VHS lernt,
* Sie Frau Botvic (ausgesprochen: Botwitsch) auf der Party bei der Nachbarin kennengelernt haben,
* Frau Stierle am liebsten mal ein Wochenende in Ihrem Garten in der Hollywood-Schaukel verbringen würde.

Die Frage ist nun, ob Sie die Informationen auch den einzelnen Namen zuordnen können. Auf den nächsten Seiten lernen Sie die dafür notwendige Technik kennen. Aber vorher schauen wir mal, wie Sie ohne Technik zurecht kommen.

Schreiben Sie hinter die Namen der eben genannten Personen,(ohne nochmals nachzulesen!), die dazugehörenden Informationen. Fangen Sie aber nicht sofort an. Machen Sie erst eine kleine Pause, holen Sie sich etwas zu trinken oder vertreten Sie sich kurz die Beine.

Jetzt kann's losgehen:

Frau Reinelt: _____

Frau Botvic: _____

Herr Lappovski: _____

Frau Stierle: _____

Herr Gauder: _____

Frau Rosenthal: _____

Herr Zander: _____

Nach diesem kleinen Test versuchen Sie es jetzt einmal mit der Geisselhart-Technik.

Diese Übung ist übrigens auch dann sehr hilfreich, wenn Sie viel telefonieren. Während des Telefongesprächs sehen Sie Ihr Gegenüber ja nicht und müssen den Namen unbedingt verbildern und dieses Bild mit dem Anliegen bzw. dem Gesagten in Verbindung bringen. Dazu machen Sie aus dem, was Sie sich merken wollen, eine möglichst lustige und skurrile Geschichte – das hilft am besten und ist immer am »merkwürdigsten«.

> ➡ *TIPP*
>
> *Bei Personen bzw. Motiven, die Sie sich deutlich als Bild oder kleine Geschichte vorstellen, werden Sie auch die passenden Daten und Fakten ohne Probleme dauerhaft abspeichern.*
> *Verbildern Sie also zuerst den Namen. Anschließend bebildern Sie das Anliegen der Person bzw. die Information, welche Sie zu dieser Person abspeichern möchten. Nun brauchen Sie nur noch, wie mittlerweile gut bekannt, diese beiden Bilder miteinander zu verknüpfen. Und dies, Sie wissen schon, möglichst skurril.*

Sollten Sie sich beispielsweise merken wollen, dass oben erwähnte Frau Botchek im Urlaub gerne in die Toscana zum Wandern fährt, stellen Sie sich bildlich bitte Folgendes vor:

Sie wandert gemächlich mit den Boccia-Kugeln, die an ihren Haaren hängen und die sie mit einem Scheck bezahlt hat, über mit Zypressen bewachsene Hügel in der wunderschönen Landschaft der südlichen Toscana. Schon haben Sie sich diese Information sicher und dauerhaft gemerkt. Lassen Sie auch hier wieder Gefühle zu, dann sitzen die Informationen noch besser.

Verknüpfen Sie nun mit dieser Technik die folgenden Namen mit den entsprechenden Zusatzinformationen.

☞ ÜBUNG: *Personen und Infos verknüpfen*

✻ Frau Rosenthal – sammelt alte Tarzan-Comics

_____

✻ Herr Zander – freut sich auf seinen neuen Firmenwagen

_____

✻ Herr Gauder – interessiert sich für Schottland

_____

✻ Frau Reinelt – Tochter hat Abiturprüfung

_____

✻ Herr Lappovski – lernt Japanisch an der VHS

_____

✻ Frau Botvic – kennengelernt auf Party von Nachbarin

_____

✻ Frau Stierle – Hollywood-Schaukel-Wochenende

_____

Und hier schauen wir, wie es geklappt hat:

✻ Frau Rosenthal – _____

✻ Herr Zander – _____

✻ Herr Gauder – _____

✻ Frau Reinelt – _____

✻ Herr Lappovski – _____

✻ Frau Botvic – _____

✻ Frau Stierle – _____

Dies dürfte für Sie nun schon fast keine besondere Herausforderung mehr gewesen sein. Trotzdem wollen wir nicht mit alten Traditionen brechen. Deshalb wieder kurz und knapp meine Verknüpfungsvorschläge:

Beispiele

✱ Frau Rosenthal steht in einem Rosen-Tal (statt Schnee-Tal) und liest ihre alten Tarzan-Comics. Vielleicht schwingt sich sogar Tarzan an einer Liane vorbei.

✱ Herr Zander füllt seinen neuen Firmenwagen übers Schiebedach mit Wasser und wirft dann einen riesigen Fisch (einen Zander) hinein.

✱ Herr Gauder reist nach Schottland. Im Schottenrock knabbert er fröhlich an einem Stück Gouda-Käse.

✱ Frau Reinelts Tochter hat sich nicht allzu fleißig den Prüfungsvorbereitungen gewidmet, stattdessen stand sie lieber am Rhein. Dort ist sie diejenige, die ihre Haare in den Rhein hält.

✱ Herr Lappovski holt schon mal den Lappen, der auf dem Ski liegt, bindet ihn sich um den Kopf und geht zur VHS. Er glaubt, auf diese Weise dort schneller Japanisch lernen zu können und sieht auch eher so aus.

✱ Frau Botvic stellen Sie sich als sehr saubere Frau vor. Sie hat Ihnen ja auch auf der Party der Nachbarin erzählt, dass sie jeden Tag mehrere Stunden ihren Boden wischt.

✱ Und Frau Stierle hat leider keinen Platz mehr auf ihrer eigenen Hollywood-Schaukel, da es sich darin bereits zwei kleine Stiere bequem gemacht haben.

Jetzt folgen die Namen aus dem Einstiegstest. Schauen Sie mal, wie gut Sie sich diese nun schon merken können. Beginnen Sie mit den Nachnamen. Die Vornamen folgen später. Suchen Sie sich zu jedem Foto ein auffälliges Merkmal und verbildern Sie anschließend den Namen. Als Letztes verknüpfen Sie das auffällige Merkmal mit dem Bild des Namens – fertig. Selbstverständlich stellen Sie sich auch diese Verknüpfungsgeschichte wieder so wahrheitsgetreu wie möglich im Geiste vor.

ÜBUNG: *Namen merken*

 Frau Runkel

Auffälliges Merkmal: _____

Bild des Namens: _____

Verknüpfung: _____

 Herr Stockinger

Auffälliges Merkmal: _____

Bild des Namens: _____

Verknüpfung: _____

 Frau Alkandy

Auffälliges Merkmal: _____

Bild des Namens: _____

Verknüpfung: _____

Herr Dohrman

Auffälliges Merkmal: _____

Bild des Namens: _____

Verknüpfung: _____

 Frau Stasikovski

Auffälliges Merkmal: _____

Bild des Namens: _____

Verknüpfung: _____

Herr Sterzenbach

Auffälliges Merkmal: _____

Bild des Namens: _____

Verknüpfung: _____

Herr Kobuscherson

Auffälliges Merkmal: _____

Bild des Namens: _____

Verknüpfung: _____

Frau Deletiglu

Auffälliges Merkmal: _____

Bild des Namens: _____

Verknüpfung: _____

Frau Plotka

Auffälliges Merkmal: _____

Bild des Namens: _____

Verknüpfung: _____

Frau Paklipey

Auffälliges Merkmal: _____

Bild des Namens: _____

Verknüpfung: _____

Bestimmt haben Sie sich gegenüber Ihrem Ergebnis beim Einstiegstest erheblich verbessert. Testen Sie doch gleich mal, wie viele Namen Sie diesmal behalten konnten.

Und? Haben Sie mehr als fünf Namen gewusst? Das wäre wirklich sehr gut. Wenn Sie beim Einstiegstest schon sechs oder mehr Namen behalten haben, ist es natürlich schwer mit einer Steigerung. Dann sind Sie aber auch die absolute Ausnahme. Der durchschnittliche Seminar- und Vortragsteilnehmer merkt sich auf

Anhieb etwa zwei bis drei von zehn Namen. Sollten Sie also zu Beginn zur großen Masse gehört haben und haben jetzt etwa vier bis sechs Namen behalten,
dann haben Sie Ihre Leistung glatt verdoppelt. Und jetzt überlegen Sie mal, wie
kurz Sie sich erst mit Gedächtnistraining beschäftigen. Beeindruckend, oder?

Meine Verknüpfungsideen für die Namen, die Sie sich nicht merken konnten,
können Sie sich hier wieder anschauen. Lassen Sie sich inspirieren.

Frau Runkel
Auffälliges Merkmal: die Perlenkette
Bild des Namens: erinnert an Furunkel oder an Runkelrübe
Verknüpfung: Die Perlenkette ist aus lauter kleinen Runkelrüben gefertigt.

Herr Stockinger
Auffälliges Merkmal: Dreitagebart und Brille, sieht auch sehr sportlich aus
Bild des Namens: hört sich an wie: Am »Stock ging er«
Verknüpfung: Am Stock ging er (er betreibt nämlich exzessiv Nordic Walking)
und hat deshalb nie Zeit, sich zu rasieren. Damit er sieht, wohin er läuft, hat er
eine Brille an – und sportlich ist das Ganze ja auch.

Frau Alkandy
Auffälliges Merkmal: sehr gepflegt, schön geschminkt und etwas älter
Bild des Namens: »Alles kann die« könnte man daraus machen.
Verknüpfung: Sie kann sich toll pflegen, schön schminken und aufgrund ihres
Alters hat sie auch schon alles Mögliche gemacht. Deshalb: »Alles kann die!«

Herr Dohrman
Auffälliges Merkmal: kräftiges Gesicht mit kräftiger Nase und kräftigen Zähnen
Bild des Namens: Er ist Türsteher, also der Door-Mann [door = engl. für Tür].
Verknüpfung: Da er auch schon etwas älter ist, macht er den Door-Mann-Job
schon länger. Dazu muss er kräftig sein. Bei Unstimmigkeiten an der Tür hat er
leider auch schon mal was auf die Nase bekommen.

Frau Stasikovski
Auffälliges Merkmal: die Mähne, also ihr Haar
Bild des Namens: ein Stasibeamter mit einem Koffer auf einem Ski
Verknüpfung: Der Stasibeamte ist so beeindruckt von ihrer Mähne, dass er sie in seinem Koffer auf dem Ski außer Landes geschmuggelt hat.

Herr Sterzenbach
Auffälliges Merkmal: das Kinnbärtchen
Bild des Namens: Er »stürzt (in) 'nen Bach«.
Verknüpfung: Das Kinnbärtchen ist der Bach, der jetzt an ihm herunterfließt. Es stürzt ein Bach an seinem Kinn herunter.

Herr Kobuscherson
Auffälliges Merkmal: die fransig geschnittenen Haare, das fransige Pony
Bild des Namens: Er steckte seinen Kopp (Kopf) in einen Busch mit seinem Sohn.
Verknüpfung: Als er den Kopp wieder aus dem Busch zog mit seinem Sohn, blieben seine Haare hängen und rissen fransig ab.

Frau Deletiglu
Auffälliges Merkmal: die Decke im Hintergrund (Die können Sie ruhig benutzen – im wahren Leben haben Sie eine viel größere Auswahl an auffälligen Merkmalen wie Mimik, Gestik usw. als auf einem Foto. Deshalb ist es legitim, hier den Hintergrund einzubeziehen.)
Bild des Namens: Sie hat ein Iglu mit einer Delle drin. Die Delle kommt von der darauf abgestellten Teetasse. Also: eine »Delle vom Tea [engl. für Tee] (im) Iglu«.
Verknüpfung: Die warme Decke und den wärmenden Tee (Delle vom Tea im Iglu) braucht sie in ihrem kalten Iglu.

Frau Plotka
Auffälliges Merkmal: der Stift, den sie in der Hand hält
Bild des Namens: Sie plottet (so nennt man den Vorgang, wenn ein Plotter Klebebuchstaben ausschneidet) ein paar Klebebuchstaben und klebt sie auf ihren Ford Ka.
Verknüpfung: Die geplotteten Buchstaben für den Ford Ka hat sie mit dem Stift vorher aufgezeichnet.

Frau Paklipey
Auffälliges Merkmal: die Locken und das Lächeln
Bild des Namens: Klar, sie packt ihre Lippe ein auf Schwäbisch: Sie »packt ihr Lipp' ei«.
Verknüpfung: Sie freut sich, denn sie hat alles gepackt, dann packt sie ihr Lipp' ei. Die Locken kriegt sie auch nur deshalb so gut hin, weil sie jede Strähne durch ihre Lippen zieht.

So merken Sie sich Nachnamen

Greifen Sie ein typisches Merkmal der Person heraus und verbildern Sie dieses dann mit Begriffen, deren Klang an den Nachnamen erinnert. Kurz wiederholen – und Sie werden den Nachnamen sicher behalten.

So merken Sie sich Vornamen

Schauen wir uns nun mal die Vornamen zu den gerade aufgelisteten Nachnamen an. Auch bei Vornamen hilft die bekannte Methode: Es sind dieselben sechs Schritte wie beim Speichern der Nachnamen. Heike hält sich einen Hai im Keller und Bettina liest im Bett die Tina (Frauenzeitschrift). Die Endung –ke gibt es übrigens ziemlich oft. Zum Beispiel bei den Vornamen Wibke, Sönke usw. und bei Nachnamen wie Lemke, Menke, Rilke. Und Sie sind natürlich im Vorteil, wenn Sie für solche Silben schon die passenden Bilder haben – Bilder, die Sie dann immer für diese Silben benutzen. Wie eben Keller für -ke. Wenn Sie also Silben verbildern, die häufig vorkommen, sollten Sie immer auf die Verbilderung zurückgreifen, die Sie sich schon einmal ausgedacht haben.

So, und nun sind wieder Sie an der Reihe. Verbildern Sie, bevor Sie Vornamen und Familiennamen miteinander verknüpfen, die Vornamen aus dem Einstiegstest. Stellen Sie sich Ihr Bild wie immer ganz deutlich im Kopfkino vor. Wenn Ihnen zu einem Namen absolut nichts einfallen will oder Sie eine Anregung brauchen, finden Sie anschließend wieder meine Vorschläge.

ÜBUNG: *Vornamen merken*

Marion

Vornamenbild: _____

Patrick

Vornamenbild: _____

Svenja

Vornamenbild: _____

Peter

Vornamenbild: _____

Galja

Vornamenbild: _____

Richard

Vornamenbild: _____

Andreas

Vornamenbild: _____

Claudia

Vornamenbild: _____

Kerstin

Vornamenbild: _____

Dörte

Vornamenbild: _____

Beispiele
Bilder für diese Vornamen könnten zum Beispiel sein:

* Marion: Sie isst gerne heiße Maroni.

* Patrick: Er klebt seine Hände mit Pattex (der Klebstoff) ans Rigg (so nennt man Segel und Gabelbaum beim Surfbrett).

* Svenja: Sie sagt in Schweden »Ja«.

* Peter: Struwwelpeter oder schwarzer Peter.

* Galja: Asterix, Obelix und die Gallier

* Richard: Er riecht hart.

* Andreas: Andreaskreuz.

* Claudia: Sie klaut ein Dia.

* Kerstin: Sie kehrt den Stien (Plattdeutsch für Stein).

* Dörte: Sie war zu lang in der Sonne und »verdörrte«.

Jetzt müssen wir die Bilder der Vornamen noch an die Bilder der Nachnamen hängen. Damit haben wir Vor- und Zunamen sicher abgespeichert. Dabei kann die eine oder andere Verbilderung bzw. Verknüpfung, die entstanden ist, als Sie nur die Nachnamen kannten, wieder umgeworfen oder etwas abgewandelt werden. Nachdem Sie nun die Vornamen kennen und mit in die Geschichte einbauen, gestalten Sie Ihre Geschichte so, wie sie Ihnen als »Gesamtwerk« am besten passt. Ganz wichtig ist es auch hierbei wieder, dass die Bilder bzw. Filmszenen wie in der Wirklichkeit vor Ihrem geistigen Auge ablaufen, dass Sie Gefühle dabei zulassen und in diesem Moment wirklich glauben, das Ganze sei wirklich real.

Beispiele

✳ Marion Runkel: Sie isst gerne heiße Maroni und als Beilage gibt es jede Menge Runkelrüben.

✳ Patrick Stockinger: Früher musste er seine Hände mit Pattex ans Rigg kleben. Denn damals noch am Stock ging er.

✳ Svenja Alkandy: In Schweden sagte sie ja. Als Grund für die Heirat hat ihr Mann angegeben: »Alles kann die«.

✳ Peter Dohrman: Steht mit Struwwelpeter-Frisur an der Tür und macht den Door-Mann: »Hey, du kommst hier nicht rein.«

✳ Galja Stasikovski: Sie hat bei den Galliern einen Stasibeamten mit Koffer auf Ski enttarnt.

✳ Richard Sterzenbach: Er riecht hart, nachdem er stürzte in ’nen Bach.

✳ Andreas Kobuscherson: Er hält sich am Andreaskreuz fest, während er seinen Kopp steckt in den Busch mit seinem Sohn.

✳ Claudia Deletiglu: Klaut das Dia und macht die Delle mit dem Tea ins Iglu.

✳ Kerstin Plotka: Kehrt den Stien, bevor sie mit ihrem beplotteten Ka darüber fährt.

✳ Dörte Paklipey: Durch das viele Sonnenbaden verdörrte vor allem ihre Lippe. Da dachte sie sich: »Ich pack die Lipp ei.«

Nun haben Sie eine sehr effektive Technik, um sich schon morgen die wichtigsten Namen zu merken. Fangen Sie sofort damit an, Personen, die Ihnen wichtig sind, sicher mit dem dazugehörenden Namen abzuspeichern. Und seien Sie nicht enttäuscht, wenn es nicht auf Anhieb mit jedem Namen funktioniert. Freuen Sie sich über Ihre Erfolge und nehmen Sie die für Sie schwierigen Namen als Herausforderung an.

Special: Vokabeln und Sprachen lernen

Gut trainierte, talentierte Gedächtnisprofis lernen und behalten 200 und mehr Vokabeln einer neuen Sprache in nur einer Stunde. Das ist wirklich beeindruckend, aber es kommt noch besser: Sie wissen am nächsten Tag noch mindestens 80 Prozent davon. Das ist kein Witz! Diese Menschen sind sicherlich Sonderfälle, denn sie sind meistens ausgesprochen talentiert.

Aber 100 Vokabeln pro Stunde kann wirklich jeder geistig gesunde Mensch mit der Geisselhart-Technik schaffen. Voraussetzung: die richtige Anwendung und ausreichendes Training. Sie könnten also, wenn Sie wirklich wollen, in zehn bis fünfzehn Stunden den wichtigsten Wortschatz einer neuen Sprache erlernen. Mit etwas Übung sogar für sehr exotische Sprachen – Sie werden sehen.

> ➡ *TIPP*
>
> *Gehen Sie folgendermaßen vor: Am ersten Tag lernen Sie eine Stunde, also 100 Vokabeln. Am zweiten Tag wiederholen Sie etwa eine halbe Stunde lang die Vokabeln vom Vortag und lernen weiter 100 in der nächsten Stunde. Am dritten Tag werden wieder die 100 Vokabeln vom zweiten Tag wiederholt und 100 neue gelernt. Sie wiederholen also immer am nächsten Tag die Wörter, die Sie am Vortag gelernt haben.*
> *Auf diese Weise schaffen Sie in genau zehn Stunden an sieben Tagen 600 Wörter Ihrer neuen Sprache und haben diese sogar auch schon wiederholt. Vorausgesetzt, es sind die richtigen, können Sie mit diesen 600 Wörtern fast alles sagen, was Sie sagen wollen. Und selbst wenn Sie 100 davon nicht sicher wissen, also »nur« 500 Vokabeln können, wäre dies doch ein akzeptabler Wert, oder?*

Das Einteilen des Stoffes funktioniert hierbei allerdings völlig anders, als Sie es gewohnt sind. Normalerweise lernen Sie 20 festgelegte Vokabeln – diese und keine anderen. Das funktioniert hier allerdings nicht besonders gut. Wie Sie den Vokabelstoff effektiv einteilen können, erfahren Sie nach den Einführungsbeispielen.

Beispiele zur Einführung

Schauen wir uns zum Einstieg mal ein paar Wörter an, die Sie hoffentlich noch nicht kennen. Haben Sie schon einmal das arabische Wort choukran gehört? Nein, sehr gut. Welche Bilder sehen Sie, wenn Sie choukran (gesprochen: schukran) laut vor sich hin sprechen? Sie können es natürlich auch nur im Geiste hören. Laut ausgesprochen ist es anfangs aber einfacher. Und ja, ich meine Bilder, die Sie sehen, wenn Sie den Klang des Wortes hören. Die Schreibweise ist zunächst egal. Wenn Sie jetzt denken: »Na toll, ich will aber trotzdem die richtige Schreibweise kennen«, kann ich Ihnen nur Folgendes erwidern: Bevor Sie ein Wort schreiben, müssen Sie erst einmal wissen, welches Wort Sie schreiben möchten. Sie müssen sich also erst an die entsprechende Vokabel erinnern, sie muss Ihnen erst einfallen, sonst können Sie sie ja auch nicht schreiben. Und das soll uns hier erst einmal genügen.

Zurück zu choukran. Sie denken vielleicht: »Na ja, die erste Silbe erinnert mich sofort an Schuhe. Und hinten ist ein Kran.« Genau: Das war's auch schon – Vokabel verbildert! Wir zerlegen die Vokabel also in Silben oder nehmen sinnvolle Silben zusammen. Dann überlegen wir uns, was sich ähnlich anhört. Genauso, wie beim Speichern von Fachbegriffen oder Namen. Und dann hört sich choukran eben an wie Schuhkran.

Jetzt, erst jetzt, sehen wir uns die Bedeutung der bereits verbilderten Vokabel an. Würden wir sie schon vorher kennen, würde unser Gehirn automatisch nach Bildern suchen, die mit der Bedeutung zusammenhängen. Und damit wäre unsere Kreativität natürlich sehr eingeschränkt. Denn ein Schuhkran hat ja wirklich nichts mit der Bedeutung des arabischen Wortes choukran zu tun. Oder etwa doch? Die Übersetzung von choukran ist danke. Wie könnten wir dies nun mit dem Schuhkran verknüpfen? Stellen Sie sich bitte vor, einer Ihrer Lieblingsschuhe ist in ein tiefes Loch oder ins Meer gefallen. Der Schuh war auch noch ziemlich teuer und Sie hätten ihn einfach sehr gerne wieder. Nun kommt auf einmal ein Kran vorbei – ein spezieller Kran. Es handelt sich tatsächlich um einen sogenannten Schuhkran. Er ist eigens für den Zweck konstruiert worden, Schuhe von überall her zu bergen. Der Schuhkran holt Ihnen also Ihren Schuh wieder aus dem Loch oder aus dem Meer, woraufhin Sie laut und entzückt ausrufen: »Danke, danke, lieber Schuhkran.«

Nehmen wir spaßeshalber an, die Geschichte hätte sich tatsächlich genau so zugetragen. Dann würden Sie diese Situation doch mit Sicherheit nie, nie, nie wieder vergessen, richtig? Gut, Sie würden sie wahrscheinlich auch niemandem erzählen. Aber Sie würden sie im Gedächtnis behalten. Und das ist gerade das, was wir wollen. Somit haben Sie sich gerade auf äußerst effektive Art und Weise eine neue Vokabel gemerkt.

Nehmen wir an, Sie wollten sich als nächstes die Lateinvokabel cubare (gesprochen: kubare) und deren deutsche Bedeutung merken. Dann gehen Sie genauso vor, wie Sie es eben bei choukran gelernt haben: Sie verbildern die Vokabel. Die Bilder, die Sie bei cubare sehen, sind: Kuh, Bar, Bahre, Cuba, Reh usw.

Die Bedeutung von cubare ist liegen, legen, schlafen. Und genau deshalb liegt die Kuh auch auf der Bahre! Wir verknüpfen also wieder einmal zwei Bilder. Nämlich das Bild der Vokabel mit dem Bild der Bedeutung dieser Vokabel. Das Bild für die Vokabel müssen wir natürlich erst entwickeln – in unserem Fall Kuh und Bahre. So haben wir also Kuh und Bahre als erstes Bild und liegen, die Bedeutung, als zweites Bild. Die Verknüpfung der beiden Bilder, also des Vokabelbilds und des Bedeutungsbilds, ergibt Die Kuh liegt auf der Bahre.

> **➡ TIPP**
>
> *Beim Lernen sollten Sie sich von der Idee frei machen, 50 oder auch 100 abgezählte, genau vorgegebene Vokabeln in einer Stunde zu lernen. Besser: Gehen Sie alle Vokabeln, die Sie lernen wollen, aufmerksam durch – also die gesamten 500 oder 1000 Wörter, die zu Ihrem Grundwortschatz gehören sollen. Aber nur die Vokabeln selbst, ohne die Übersetzung ihrer Bedeutung! Und daraus suchen Sie sich diejenigen aus, die schön und leicht zu verbildern sind. Und nur diese lernen Sie heute. Die Vokabeln, für die Sie heute keine Bilder finden konnten, kommen ein andermal dran. Vielleicht fallen Ihnen ja dann die passenden Bilder ein. Auf diese Art und Weise lernen Sie sehr schnell. Natürlich kann es sein, dass Sie für manche Vokabeln überhaupt kein Bild finden. Vielleicht bleiben diese aber genau aus diesem Grund trotzdem hängen. Oder Sie lernen sie ausnahmsweise über das Wiederholungslernen. Oder Sie lernen sie gar nicht, aber ein passendes Synonym dafür.*

Würde cubare zum Beispiel rauchen heißen, wäre das Bild eine Kuh, die auf einer Bahre raucht.

Vokabeln lernen leicht gemacht – die wichtigsten Schritte auf einen Blick

Jetzt kennen Sie die richtigen Schritte, um Wörter einer Fremdsprache schnell und sicher abzuspeichern:

1. Vokabel verbildern
2. Bedeutung der Vokabel verbildern
3. Beide Bilder verknüpfen.

Mit dieser Technik ist es nun beispielsweise ganz leicht für Sie, die Vokabeln aus dem Einstiegstest zu lernen. Gehen Sie einfach die drei Schritte nacheinander durch. Zur Anregung Ihrer Fantasie finden Sie jetzt noch meine Vorschläge.

Verbilderungsbeispiele

* glèbe, frz. (gläb):
  Hört sich an wie kleben auf Schwäbisch.

* fuscus, lat. (fuskus):
  Klar, ich muss sofort an einen Fuß und einen Kuss denken. Also: ein Fußkuss.

* sorcerer, engl. (sorserer):
  Klingt wie Saucière, also die Soßenschüssel oder wie Soße und rühren.

* socket, engl. (socket):
  Da muss ich gleich an Socke denken.

* corvus, lat. (korvus):
  Bei corvus höre ich in der ersten Silbe Chor und dann ist da noch ein Fuß.

* aller, frz. (alle, Betonung auf dem e):
  Meiner Meinung nach hört sich das genau so an wie die Allee, also eine Straße mit Bäumen auf beiden Seiten.

* bolso, span. (bolso):
  Hierbei drängt sich mir bolzen, im Sinne von Fußball-
  spielen, auf. Sie könnten aber auch an einen Stahlbolzen denken. Auch klingt
  diese Vokabel ähnlich wie beult so.

* molestar, span. (molestar):
  Die erste Silbe ist passt genau auf Mole, die am Hafen. Die zweite Silbe ist ein
  Star, also ein bekannter Schauspieler oder Sänger.

* gremire, ital. (gremire):
  Erinnert an Gremium, obwohl das kein besonders gutes Bild ergibt. Besser
  gefällt mir da schon cremen und irre.

* esporre, ital. (esporre):
  Da höre ich sofort ess, also essen und Porree heraus. Also: Ess (mehr) Porree.

Und nun zur Verknüpfung:

Beispiele
* glèbe, frz. (gläb, dt. Scholle):
  Ich gläb (klebe) zwei Schollen aneinander. Sie zappeln und winden sich, kommen aber trotz allergrößter Anstrengungen nicht mehr voneinander los. Dann
  besinnen sie sich und tun sich auch geistig zusammen. Sie machen alle Bewe-
  gungen synchron und kommen so als Klebescholle bestens zurecht.

* fuscus, lat. (fuskus, dt. dunkel):
  Gerne möchte ich meiner Angebeteten einen Fußkuss geben, oder sogar mehrere. Damit es aber niemand mitbekommt, warte ich, bis es dunkel ist.

* sorcerer, engl. (sorserer, dt. Zauberer):
  Ein Zauberer, wie Merlin mit dem spitzen Zauberhut, klopft mit dem Zauber-
  stab dreimal gegen die Saucière. Damit zaubert er die leckerste Soße. Er
  beginnt sogleich, sie umzurühren.

* socket, engl. (socket, dt. Steckdose):
Damit niemand in die Steckdose greift, stülpe ich meine große, rote Socke darüber.

* corvus, lat. (korvus, dt. Rabe):
Stellen Sie sich einen riesengroßen Chor, begleitet von einem Orchester mit vielen Musikern, vor. Das »Merk-würdige« ist, dass auf dem Fuß von jedem Musiker ein Rabe sitzt.

* aller, frz. (alle, Betonung auf dem e, dt. gehen):
Wir gehen alle die herrliche Allee entlang und singen dabei ein Lied.

* bolso, span. (bolso, dt. Ball):
Entweder haben wir keinen Ball – dann nehmen wir die Tasche und bolzen mit ihr. Oder aber Sie öffnen die Tasche und entdecken mit großem Entzücken eine Flasche blauen Bols. Laut rufen Sie »Oh!«. Vielleicht brauchen Sie aber auch mal wieder eine neue Tasche – Ihre alte beult so.

* molestar, span. (molestar, dt. belästigen):
Sehen Sie in Gedanken eine Mole am Hafen. Vorne sitzt Phil Collins oder Maria Carrie, also ein Star. Nun kommen Hunderte von Fans die Mole entlang gelaufen und belästigen den Star, indem sie Autogramme wollen.

* gremire, ital. (gremire, dt. füllen):
Ich creme mich wie irre ein. Und zwar nicht nur äußerlich, nein, auch von innen. Ich fülle also die Creme völlig irre in mich hinein.

* esporre, ital. (esporre, dt. aussetzen):
Ich ess' dauernd Porree. Eigentlich jeden Tag und jede Stunde – nur am Sonntag darf ich aussetzen.

Jetzt kennen Sie die Geisselhart-Technik fürs Vokabellernen. Probieren Sie es aus – Sie werden sehen: Es funktioniert!

Mit KINDERN LERNEN

Kinder sind für die Geisselhart-Technik geradezu prädestiniert. Bringen Sie Ihren Kindern also diese Technik spielerisch bei. Sie werden staunen, wie gut Kinder damit zurechtkommen und wie viel Spaß sie dabei haben.

Spielerische Heranführung an die Technik

Kinder sind, im Vergleich zu uns Erwachsenen, bei weitem die besseren Memory-Spieler. Die Gründe dafür habe ich schon zu Beginn des ersten Kapitels erwähnt. Auch was die Kreativität anbelangt, sind sie uns haushoch überlegen. Kindern fällt es viel leichter, »absurd« zu denken, sie zensieren nicht so viel und trauen sich einfach, unvernünftige Gedanken zuzulassen. Schade, dass dies mit steigendem Alter abnimmt – das müsste es nämlich nicht. Aber Erziehung, Schule, Medien und das gesamte Umfeld beeinflussen die unbedarften Gedankengänge unserer Kinder – und schließlich nehmen diese langsam aber sicher dieselbe Denkweise an wie die Erwachsenen um sie herum. Und leider sind die wenigsten von uns in dieser Hinsicht gute Vorbilder.

Die Schule und unsere ganze Gesellschaft ist sehr auf logisches Denken getrimmt. Gefühle, Bilder, Kreativität zählen wenig. Es sei denn, dass die Kreativität »erfolgreich« eingesetzt werden kann, im Beruf oder im Kulturbetrieb. Meist aber werden sehr kreative Ideen zunächst als »Spinnerei« betrachtet und als Unsinn abgetan. Stellt sich später heraus, dass aus dieser Spinnerei eine umsetzbare Idee geworden ist, gilt sie unter Umständen sogar auf einmal als genial. So läuft's.

> **➡ TIPP**
>
> *Gerade Kinder im Alter von neun bis etwa zwölf Jahren sollten die Geisselhart-Technik unbedingt kennenlernen. Sie sind alt genug, um sich gut konzentrieren zu können und trotzdem geistig noch nicht »verbogen«. Aber auch jüngere Kinder können durchaus schon mit dem Bilderdenken vertraut gemacht werden. Am besten geschieht dies spielerisch und ohne Druck. Wenn die Kleinen nicht mehr mögen, OK, dann hören sie auf. Das Lernen soll Spaß machen und nicht mit negativen Gefühlen verbunden sein.*

Meiner Erfahrung nach haben Kinder besonders viel Spaß mit dem Verknüpfungsspiel, das Sie bereits kennengelernt haben. Daher ist es ideal, damit zu beginnen. Aber auch für Erwachsene bringt die nächste Übung noch einen deutlichen Kreativitätszuwachs. Machen Sie die nächste Übung also gleich mit.

Kreativitätsspiel für Kinder

Die Spielregeln sind genau dieselben wie im ersten Kapitel. Sie selbst müssten also schon fast ein Profi sein. Erklären Sie Ihren Kindern, wie sie aus den Begriffpaaren Tier und Spielzeug lustige, abstruse Geschichten kreieren können. Wichtig ist dabei, dass Ihr Kind die beiden Begriffe so verknüpft, dass ihm anschließend das fehlende Tier oder das fehlende Spielzeug wieder einfällt.

Regen Sie die Fantasie Ihres Kindes durch gezielte Fragen an. Fragen Sie Ihr Kind zum Beispiel, ob es eine Idee hat, was der Igel mit dem Ball machen könnte. Oder ob ihm eine Geschichte zu den beiden einfällt. Lassen Sie Ihr Kind im Geiste den Igel und dann den Ball sehen. Fragen Sie dann, was wohl passiert, wenn man beide zusammen in ein Bild packt. Was machen die beiden dann?

Am Anfang kann es für einige Kinder hilfreich sein, wenn Sie ihnen ein Beispiel geben. Dann sollte aber unbedingt eine eigene Idee Ihres Kindes folgen. Und nun genug der langen Vorrede: Es geht los.

Verknüpfen Sie, bzw. Ihr Kind, die folgenden Begriffe in einer möglichst lustigen Geschichte:

> **➡ TIPP**
>
> *Ganz wichtig: Lassen Sie die Kindergeschichten zu, so wie sie sind, ohne Zensur und ohne Einmischung.*

 ÜBUNG: *Kreativitätsspiel Tiere und Spielzeug*

* Igel – Ball
* Hund – Murmeln
* Vogel – Sandschaufel
* Fisch – Jojo
* Spinne – Schaukel
* Katze – Puppenstube

* Wurm – Pfeil und Bogen
* Schwein – Rassel
* Pferd – Bobbycar
* Schwan – Rollschuhe
* Giraffe – Schlitten
* Elefant – Stelzen

Und nun kommt wieder einmal die Stunde der Wahrheit. Mal sehen, wie viele Begriffspaare Sie bzw. Ihr Nachwuchs noch wissen:

Igel – _____

Hund – _____

_____- Sandschaufel

Fisch – _____

Spinne – _____

_____- Puppenstube

Wurm – _____

_____ – Rassel

_____ – Bobbycar

Schwan – _____

Giraffe – _____

Elefant – _____

Na, wer wusste mehr? Es soll nicht zu einem Wettkampf ausarten, aber noch könnten Sie vorne sein. Schließlich haben Sie schon mehr Übung. Aber warten Sie ab, es wird gar nicht lange dauern und Ihr Kind zieht an Ihnen vorbei und schlägt Sie um Längen. Für alle Neugierigen hier jetzt wieder meine Verknüpfungsvorschläge:

Beispiele
* Igel – Ball: Der Igel sammelt Bälle und spießt sie auf seinen vielen Stacheln auf. Oder: Der Igel ist der Ball. Bitte nicht zu fest bolzen. Oder: Ich bastele mir einen Igel aus dem Ball, indem ich lauter Stacheln drauf klebe.

* Hund – Murmeln: Der Hund frisst die Murmeln. Ist noch nicht so komisch. Aber warten Sie mal, bis er sie verdaut hat. Dann macht es nur noch »klick, klick, klick«, wenn Sie mit ihm Gassi gehen.

* Vogel – Sandschaufel: Ein Vogel klaut die Sandschaufel, schaufelt etwas Sand darauf, entschwebt damit in die Lüfte und lässt Ihnen den Sand von oben auf den Kopf rieseln.

* Fisch – Jojo: Weil Sie keine Angel haben, gehen Sie mit einem Jojo zum Fischen. Sie werfen das Jojo weit aus und ziehen rhythmisch daran. Es dauert nicht lang, bis ein großer Fisch anbeißt. Fische stehen nämlich auf Jojos.

* Spinne – Schaukel: In Ihrem Garten sitzt eine riesige, überdimensional große Spinne. Sie streckt zwei Beine in die Luft. Sie binden daran die Schaukel fest und die Spinne schaukelt Sie sanft hin und her.

* Katze – Puppenstube: Die Katze hat die neue Puppenstube leider mit ihrem Katzenklo verwechselt. Tja.

* Wurm – Pfeil und Bogen: Würmer fängt man ja bekanntlich am besten mit Pfeil und Bogen. Nicht mit dem großen, nein, der kleine Bogen mit dem kleinen Pfeil. Denn der ist ja nur so groß wie eine Nadel. Der Wurm überlebt das natürlich, deshalb ist das auch die beste Methode, um ihn zu fangen.

* Schwein – Rassel: Sie kommen an einem Bauernhof vorbei und hören ein lautes Rasseln. Sie schauen in den Schweinestall und staunen nicht schlecht: Etwa 250 Schweine rasseln mit rosafarbenen Rasseln um die Wette.

* Pferd – Bobbycar: An Ihnen gleitet ein Pferd vorbei, das vier Bobbycars als Rollschuhe unter den Hufen hat.

* Schwan – Rollschuhe: Ein Schwan rollt mit den Rollschuhen ins Wasser. Das hätte er nicht tun sollen. Die Rollschuhe sind zu schwer und er geht leider unter.

* Giraffe – Schlitten: Die Giraffe würde ja auch mal gern Schlitten fahren. Aber wie soll das gehen? Denn nur sie hat den langen Hals, den alle anderen mit dem Schlitten hinabsausen.

* Elefant – Stelzen: Dem Elefanten sind beide Stoßzähne geklaut worden. Doch er hat schnell Ersatz gefunden: Er nimmt stattdessen zwei Stelzen.

Spielerisch Worte verbildern

Bei der folgenden Übung geht es darum, auf spielerische Art und Weise die unterschiedlichsten Worte zu verbildern, so wie Sie dies aus den vorangegangenen Kapiteln schon kennen. Für Kinder wird die Übung einfach als Spiel aufgezogen. Gewinner ist der, der für ein Wort die meisten Bilder findet, die von den anderen Mitspielern zugelassen werden. Die Bilder sollen also passend und nicht zu weit vom betreffenden Begriff entfernt sein, sodass die Zugehörigkeit deutlich erkennbar bleibt.

Worte verbildern ist besonders für Schulkinder – so wie für alle Menschen, die etwas lernen und sich auf Prüfungen vorbereiten müssen – eine unumgängliche Übung. Aber auch für alle Menschen, die fachliche Informationen, produktspezifische Details oder Präsentationen und Fachvorträge halten müssen, ist das Bebildern eine sehr gute Übung. Denn in diesen Fällen enthalten die meisten Informationen, die gespeichert werden müssen, Wörter, denen man im Geist nicht automatisch Bilder zuordnet. Man muss die Verbilderung also »aktiv« betreiben.

➡ *TIPP*

Wir Erwachsene sind im Normalfall zufrieden, wenn wir ein Bild gefunden haben. Unser Gehirn sucht dann nicht weiter nach einem zweiten Bild. Theoretisch ist das ja auch ausreichend. In der Praxis ist es manchmal von Vorteil, mehrere Bilder zur Verfügung zu haben, um die beste Geschichte daraus basteln zu können. Auch hier sind Kinder meistens wieder vorne. Sie haben oft zahlreiche Ideen für ein und dasselbe Wort. Lassen Sie der Kreativität und der Fantasie Ihres Kindes freien Lauf. Loben Sie es für gute Bilder und lachen Sie mit ihm darüber, wenn die Bilder besonders lustig sind.

Einfache Worte verbildern

Um uns langsam warm zu machen, beginnen wir mit ganz einfachen Worten. Die genannten Begriffe sind in den meisten Fällen schon mit sehr eindeutigen Bildern verbunden. Machen Sie die Übung trotzdem unbedingt mit. Sie schult Ihr Vorstellungsvermögen und Ihre Visualisierungsfähigkeit. Und Sie lernen dabei sehr einfach, mehr als ein Bild für ein und denselben Begriff zu entwickeln und Ihre einzelnen Bilder zu variieren.

Regen Sie Ihre Kinder dazu an, sich die Bilder so realitätsgetreu wie möglich vor dem geistigen Auge auszumalen – und tun Sie dies auch selbst. Wenn ein Bild in Ihrem Kopf wirklich fertig ist, dann suchen Sie für genau denselben Begriff ein anderes Bild. So kann man sich beispielsweise für das Wort Tisch einmal einen schönen dunkel gebeizten Holztisch mit Tiroler Schnitzereien vorstellen, während es sich beim nächsten Bild um einen hochglanzlackierten, puristischen, glatten, weißen Designertisch handelt. Und es gibt für das Wort Tisch natürlich noch unzählige andere Varianten. Auch wenn Sie die Übung nicht als Wettspiel gestalten, sollte es das Ziel sein, mindestens drei verschiedene Bilder pro Begriff zu visualisieren. Fangen wir also an:

 ## ÜBUNG: *Einfache Worte verbildern*

Entwickeln Sie und Ihr(e) Kind(er) jeder für sich für die nun folgenden Worte Ihre eigenen Bilder in Ihrem Kopfkino.

* Lampe
* Pferd
* Tafel
* lernen
* Klappe
* Schläger

* Eimer
* Uhr
* Kraft
* Landschaft
* saftig
* Ende

Fertig? Ist Ihnen aufgefallen, dass vier Begriffe dabei waren, die gar nicht so eindeutig zu verbildern sind? Wie haben Sie sich geschlagen?

Zu den meisten Begriffen haben Sie hoffentlich mehr als nur drei unterschiedliche Bilder gefunden, oder? Die vier weniger eindeutigen haben im Idealfall aber auch gut geklappt. Falls Sie Schwierigkeiten hatten, finden Sie für diese hier wie immer meine Vorschläge – zur Anregung Ihrer Fantasie.

Beispiele

✱ lernen

    1. Bild: Kinder im Klassenzimmer

    2. Bild: ein Student über seinen Büchern in der Bibliothek

    3. Bild: ein Kind, das auf eine heiße Herdplatte greift

✱ Kraft

    1. Bild: ein Gewichtheber, der eine Hantel stemmt

    2. Bild: ein Gorilla, der sich auf die Brust klopft

    3. Bild: ein guter Klebstoff

✱ saftig

    1. Bild: eine Birne

    2. Bild: eine Melone

    3. Bild: ein Pfirsich

✱ Ende

    1. Bild: Abspann eines Kinofilms

    2. Bild: eine Straße, die im Nichts endet

    3. Bild: die zwei Enden einer Wurst

Gut, das waren alles in allem noch relativ einfache Worte. Es geht auch gleich mit schwierigeren Begriffen weiter.

Abstrakte Begriffe visualisieren

Die folgenden Wörter sind sehr »individuell«. Das heißt, dass fünf Personen fünf komplett unterschiedliche Bilder für ein und denselben Begriff entwickeln können. Das ist normal, denn jeder Mensch hat in seinem Leben völlig unterschiedliche Erfahrungen gemacht und verbindet mit den Begriffen deshalb auch unterschiedliche Gefühle oder Bilder.

In der späteren Anwendungspraxis sollten Sie unbedingt das erste Bild nehmen, welches Ihnen in den Kopf kommt. Wenn Sie nämlich zu sehr um die Ecke denken müssen, kann es passieren, dass Sie vom entsprechenden Bild nicht mehr auf den ursprünglichen Begriff kommen.

➡ *NEGATIV-BEISPIEL*

Denken Sie sich pro Begriff drei Varianten aus.
Wenn Ihr Kind nicht alle Begriffe kennt, dann erklären Sie sie ihm und nennen ihm Ihre Bilder, um seine Fantasie anzuregen. Fragen Sie sich also selbst bei jedem Begriff, woran Sie als Erstes denken, wenn Sie dieses Wort hören. Das erste Bild ist das beste. Anschließend können Sie es ab- und umwandeln.

Sie wollen den abstrakten Begriff Genuss verbildern. Ich persönlich denke dabei zuallererst an Rotwein. Dann denke ich an den leckeren Käse, den ich dazu esse, dann vielleicht an den exzellenten Espresso danach. Als Nächstes kommt mir eine gute Zigarre in den Sinn, die ich zum Espresso rauche. Würde ich nun die Zigarre als perfektes Bild für Genuss wählen, hätte ich aller Voraussicht nach ein Problem. Denn wenn ich am nächsten Tag einen Vortrag halten sollte, in welchem der Begriff Genuss vorkommt, den ich mir mit dem Bild der Zigarre merken wollte, müsste ich um einige Ecken zurückdenken.

Es könnte dann passieren, dass ich vom Bild der Zigarre eventuell an den abstrakten Begriff Erfolg denke – oder an Zungenkrebs. Ihr Gehirn denkt nämlich nicht dieselbe Kette rückwärts, also von der Zigarre über den Espresso zum Käse und zum Rotwein, um dann endlich auf den Begriff Genuss zu kommen. Das wäre auch wirklich zu umständlich. Wählen Sie deshalb also immer das erste Bild, das Ihnen in den Sinn kommt.

ÜBUNG: *Abstrakte Begriffe visualisieren*

* Laune
* Zukunft
* Macht
* Gefühl
* Kreativität
* Liebe
* Mut
* Geborgenheit
* Aktivität
* Wärme
* Fantasie
* Schnelligkeit

Zum Vergleich und zur Anregung Ihrer Fantasie folgen wie immer meine Verbilderungsideen:

Beispiele

* Laune: der Gute-Laune-Bär oder ein Smiley

* Zukunft: der Film »Zurück in die Zukunft« oder fliegende Autos

* Macht: ein Herrscher mit großem Schwert

* Gefühl: ein Kätzchen oder einen Menschen zärtlich streicheln

* Kreativität: ein buntes Gemälde

* Liebe: ein Herz

* Mut: ein Bungee-Sprung am Gummiseil in den Abgrund

* Geborgenheit: ein Baby im Arm seiner Mutter oder seines Vaters

* Aktivität: herumtobende Kinder

* Wärme: ein loderndes Kaminfeuer

* Fantasie: der Vergnügungspark Phantasialand oder eine bunte Fantasiespielfigur

* Schnelligkeit: ein Sportwagen oder ein Gepard

Fachbegriffe und Fremdwörter verbildern

Diese Übung ist besonders für Sie selbst und Ihre größeren Kinder geeignet. Sie funktioniert genauso, wie Sie es schon beim Speichern von Namen gelernt haben, wobei es im ersten Schritt genügt, sich auf die Verbilderung zu konzentrieren. Denn es geht erst einmal nur darum, aus den folgenden Fachworten ein Bild zu kreieren.

Die Bedeutung der Begriffe spielt hier noch keine Rolle. Die folgt erst im zweiten Schritt. Wenn wir hier schon auf die Bedeutung eingehen würden, wäre es mitunter schwieriger, ein entsprechendes Bild für den Fachbegriff zu finden. Denn wahrscheinlich wäre unsere Kreativität durch die Bedeutung sehr eingeschränkt. Wenn Sie die Bedeutung eines Fremdwortes nicht kennen, kann Ihr Gehirn völlig frei nach einem Bild für dieses Fremdwort suchen. Wenn Sie die Bedeutung des Wortes bereits von Anfang an berücksichtigen, wird Ihr Gehirn zwangsläufig irgendeine logische Verbindung suchen. Ihr Gehirn wird also ein Bild suchen, das zur Bedeutung passt – was mit Sicherheit die Auswahl einschränkt. Wir brauchen ja auch gar nicht unbedingt ein passendes Bild. Im Gegenteil: Oft ist ja ein Bild, welches so gar nicht passen will, viel absurder und damit »merk-würdiger«!

> **➡ BEISPIEL**
>
> *Ein Bild für Akinese könnte zum Beispiel ein Chinese sein. Nun haben wir ein Bild für dieses Fremdwort und können später im zweiten Schritt das Bild der Bedeutung einfach daran knüpfen. Dann haben wir diesen Begriff sicher und schnell im Gedächtnis abgespeichert.*

ÜBUNG: *Fremdwörter verbildern*

✳ Alkoven

Mein erstes Bild: _____

Erstes Bild meines Kindes: _____

✳ Nimbus

Mein erstes Bild: _____

Erstes Bild meines Kindes: _____

✳ Heliosis

Mein erstes Bild: _____

Erstes Bild meines Kindes: _____

✳ obskur

Mein erstes Bild: _____

Erstes Bild meines Kindes: _____

✳ Frontispiz

Mein erstes Bild: _____

Erstes Bild meines Kindes: _____

✳ Kambrium

Mein erstes Bild: _____

Erstes Bild meines Kindes: _____

✳ latent

Mein erstes Bild: _____

Erstes Bild meines Kindes: _____

✳ Ballistik

Mein erstes Bild: _____

Erstes Bild meines Kindes: _____

Und hier auch wieder meine Verbilderungsvorschläge:

Beispiele
* Alkoven: Alk (Alkohol) und Ofen
* Nimbus: Nimm den Bus!
* Heliosis: Helikopter und Ossis
* obskur: Obstkur
* Frontispiz: Die Front ist spitz.
* Kambrium: Mit dem Kamm rühre ich den Brie (Käse) um.
* latent: eine Latte und eine Ente
* Ballistik: Der Ball ist dick.

Nun machen wir uns an den zweiten Schritt und schauen uns die Bedeutung der Fachtermini an, um diese anschließend mit dem bereits erstellten Bild zu verknüpfen.

* Alkoven: Bettnische
* Nimbus: Ansehen
* Heliosis: Überhitzung
* obskur: dunkel
* Frontispiz: Illustration eines Buchtitelblatts
* Kambrium: Erdzeitalter
* latent: versteckt
* Ballistik: Wissenschaft von der Flugbahn geworfener oder geschossener Körper

Da Sie nun die Bedeutung kennen, können wir mit der Verknüpfung beginnen. Verknüpfen Sie also das Bild der Fremdwörter mit den Bildern ihrer Bedeutung auf möglichst kuriose, einprägsame Art und Weise.

➡ *BEISPIEL*

Als Beispiel dient uns wiederum das Fremdwort Akinese. Die Bedeutung von Akinese ist Bewegungsarmut bis Bewegungslosigkeit. Das Bild des Fremdwortes ist bekanntlich ein Chinese. Als Verknüpfung stellen wir uns also einen bewegungslosen Chinesen vor. Dies ist deshalb »merk-würdig«, weil wir mit Chinesen eigentlich eher gelenkige Menschen assoziieren.

ÜBUNG: *Bild und Bedeutung von Fremdwörtern verknüpfen*

Alkoven   Verknüpfung: _____

Nimbus   Verknüpfung: _____

Heliosis   Verknüpfung: _____

obskur   Verknüpfung: _____

Frontispiz   Verknüpfung: _____

Kambrium   Verknüpfung: _____

latent   Verknüpfung: _____

Ballistik   Verknüpfung: _____

Der Vollständigkeit halber hier wieder meine Vorschläge:

Beispiele

✱ Alkoven: Nach dem Genuss von reichlich Alk (Alkohol) lege ich mich vor den Ofen in die Bettnische.

✱ Nimbus: Damit mein Ansehen bei den Naturschützern steigt, rate ich jedem: »Nimm den Bus!«

✱ Heliosis: Ein Helikopter voller Ossis. Da es zu viele sind, kann er nicht fliegen. Durch die hohe Rotordrehzahl und die Kraft, die der Motor aufwenden muss, kommt es zur Überhitzung.

✱ obskur: Meine Obstkur mache ich nur im Dunkeln.

✱ Frontispiz: Die Front des Buches ist spitz, also mit einer Nadel verziert.

✳ Kambrium: Um das Erdzeitalter bestimmen zu können, nehme ich meinen Kamm und rühre den Brie um.

✳ latent: Ich verstecke die Latte hinter der Ente.

✳ Ballistik: Der Ball ist dick, daher lässt sich die Flugbahn sehr schön erkennen.

Gratulation: Bis hierhin haben Sie schon viel geleistet. Und Ihr Sprössling auch. Sie haben doch schön mit ihm geübt, oder nicht? Ihr Gedächtnis merkt also langsam, dass es benutzt wird. Sprich: Sie bedienen es mittlerweile so, wie die Natur sich das gedacht hat. Bei Kindern funktioniert diese Umstellung schneller, weil ihr Gehirn noch nicht durch jahrelange äußere Einflüsse »verdorben« ist. Bevor es nun gleich mit konkreten Schulübungen und -aufgaben weitergeht, wollen wir noch mal testen, wie es mit dem Speichern der Fremdwörter und Fachbegriffe geklappt hat. Also wir machen die Probe aufs Exempel:

👉 ÜBUNG: *Bedeutung von Fremdwörtern*

Alkoven   Bedeutung: _____

Nimbus   Bedeutung: _____

Heliosis   Bedeutung: _____

obskur   Bedeutung: _____

Frontispiz   Bedeutung: _____

Kambrium   Bedeutung: _____

latent   Bedeutung: _____

Ballistik   Bedeutung: _____

Und, wie sind Sie mit dem Ergebnis zufrieden? Haben Sie sich die meisten Begriffe gemerkt? Bestimmt. Allerdings könnten Sie nun einwenden: Wir haben uns so lange damit beschäftigt – da ist es doch logisch, dass ich die noch weiß. Und damit habe Sie sogar Recht. Sie werden aber erstaunt sein, wie lange Sie sich daran erinnern werden. Sie können das ja noch einmal überprüfen, wenn Sie das komplette Buch durchgearbeitet haben. Normalerweise wüssten Sie nach einer längeren Zeit nicht mehr viele davon. In diesem Fall werden Sie aber positiv überrascht sein. Ich bin sicher, dass Sie sich mindesten 80 Prozent der Begriffe gemerkt haben. Und noch etwas: Wir haben sehr ausführlich geübt, damit Sie und Ihr Nachwuchs die Technik erst einmal richtig verinnerlichen. Sie werden schon beim Abschlusstest feststellen, wie gut Sie durch die vielen Übungen und die praktische Anwendung geworden sind.

Mit Schulkindern gezielt üben

In diesem Abschnitt schauen wir uns einige Schulfächer mit dem entsprechenden Lernstoff an. Die Grundlage jeden Lernens ist, wie immer, das Verknüpfen von zwei oder mehr Informationen. Für Kinder sind dafür kleine Geschichten am besten geeignet. Kinder hören gerne Geschichten, sie stellen sich diese leicht vor und behalten sie deshalb auch sehr gut. Also erzählen Sie Ihren Kindern Geschichten. Und bringen Sie ihnen bei, sich selbst Geschichten auszudenken und diese dann als Filme im Kopfkino anzuschauen.

Verbildern Sie nun zusammen mit Ihrem Kind die genannten Bundesländer und deren Hauptstädte. Danach machen Sie sich gemeinsam an deren Verknüpfung. Als Einstiegsbeispiel nehmen wir das Bundesland Baden-Württemberg mit seiner Hauptstadt Stuttgart. Die Bilder hierfür könnten zum Beispiel folgende sein: »Wir baden auf einem gewürzten Berg« (für Baden-Württemberg) und »Studenten im Garten« (für Stuttgart). Die Verknüpfung könnte dann folgendermaßen aussehen: Es baden auf dem gewürzten Berg viele Studenten im Garten. Motivieren Sie Ihr Kind, sich diese Szene deutlich vor dem geistigen Auge auszumalen, mit allen Details. Also etwa mit wirklichen Gewürzen. Welche sind es? Nur Salz und Pfeffer oder vielleicht auch Muskatnuss und Basilikum? Wie sehen die Studenten aus? Wenn Ihr Kind diese Szene lebendig vor seinem geistigen Auge betrachtet, wird es sich leicht wieder daran erinnern können, welche Begriffe hier gemeint sind. Wenn Sie nun nach der Hauptstadt von Baden-Württemberg fragen, wird Ihr Kind sofort wieder vor sich sehen, wer da auf dem gewürzten Berg badet – nämlich die Studenten im Garten. Also folgt mit Sicherheit Stuttgart als Antwort. Es wird nicht lange dauern, bis Ihr Kind die neue Lerntechnik sicher verinnerlicht hat und damit Resultate erzielt.

Deutsche Bundesländer und deren Hauptstädte lernen

Zum Einüben der Methode folgen nun einige Bundesländer mit ihren Hauptstädten:

☞ ÜBUNG: *Bundesländer und Hauptstädte behalten*

✱ Brandenburg – Potsdam

Die Bilder sind: _____ und _____

Verknüpfung: _____

✱ Sachsen – Dresden

Die Bilder sind: _____ und _____

Verknüpfung: _____

✱ Hessen – Wiesbaden

Die Bilder sind: _____ und _____

Verknüpfung: _____

✱ Thüringen – Erfurt

Die Bilder sind: _____ und _____

Verknüpfung: _____

Testen Sie das Ergebnis, indem Sie Ihr Kind abfragen, nämlich nach den Hauptstädten von Brandenburg, Sachsen, Hessen, Thüringen und Baden-Württemberg – und natürlich auf jeden Fall nach der des Bundeslandes, in dem Sie leben.

Ich hoffe, dass es gut funktioniert hat. Denn dann ist die Motivation am besten. Sollte es noch kleine Probleme gegeben haben, ist dies nicht tragisch: Übung macht den Meister! Damit es demnächst perfekt klappt, hier wieder ein paar Anregungen:

Beispiele
* Brandenburg – Potsdam
   Die Bilder: eine verbrannte Burg und ein Pott auf einem (Bahn-)Damm
   Die Verknüpfung: Die verbrannte Burg wurde mit einem Pott auf dem Damm gelöscht.

* Sachsen – Dresden
   Die Bilder: Aus Sachsen wird ein Sack und aus Dresden eine Tresen.
   Die Verknüpfung: Der Sack steht auf dem Tresen (in der Kneipe).

* Hessen – Wiesbaden
   Die Bilder: Aus Hessen wird ein Häschen und aus Wiesbaden eine Wiese zum Baden.
   Die Verknüpfung: Die Häschen gehen auf die Wiese zum Baden

* Thüringen – Erfurt
   Die Bilder: Aus Thüringen wird Tür und ringen, Erfurt wird zu Ehrfurcht.
   Die Verknüpfung: Mit einer Tür ringen wir, und weil sie gewinnt, haben wir Ehrfurcht.

Länder und Hauptstädte behalten

Das Ganze klappt natürlich nicht nur mit Bundesländern. Genauso gut funktioniert auch das Lernen von Ländern und deren Hauptstädten. Und damit sind wir auch schon bei der nächsten Übung.

ÜBUNG: *Länder und Hauptstädte merken*

✱ Schweden – Stockholm

Die Bilder sind: _____ und _____

Verknüpfung: _____

✱ Finnland – Helsinki

Die Bilder sind: _____ und _____

Verknüpfung: _____

✱ Island – Reykjavik

Die Bilder sind: _____ und _____

Verknüpfung: _____

✱ Frankreich – Paris

Die Bilder sind: _____ und _____

Verknüpfung: _____

✱ Niederlande – Amsterdam

Die Bilder sind: _____ und _____

Verknüpfung: _____

Testen Sie nun die Ergebnisse durch unterschiedliches Abfragen. Denn das funktioniert natürlich auch. Also: Die Hauptstadt von Schweden? Von welchem Land ist Helsinki die Hauptstadt? Und Reykjavik? Wie heißt die Hauptstadt von Frankreich? Und zu welchem Land passt Amsterdam?

Toll, oder? Bestimmt hat diese Übung wieder gut geklappt. Zur Kreativitätserweiterung gebe ich Ihnen wieder mögliche Bilder und Verknüpfungen:

Beispiele

✽ Schweden – Stockholm
Die Bilder: schweben und ein Stock dick wie ein Holm
Die Verknüpfung: Wir schweben mit einem Stock, der so dick ist wie ein
Holm, durch die Luft.

✽ Finnland – Helsinki
Die Bilder: Ich finde ein Land und im Hellen sink' i' (sinke ich).
Die Verknüpfung: Ich finde ein Land; es ist schön hell, aber im Hellen
sink' i' auf einmal.

✽ Island – Reykjavik
Die Bilder: Island klingt wie »Is' das Land«, Reykjavik wie Reck, ja und wickeln.
Die Verknüpfung: Island is' das Land mit lauter Recks. Alle schreien »Ja« und
wickeln sich darum.

✽ Frankreich – Paris
Die Bilder: Frank ist reich und das Paar isst (irgendwas).
Die Verknüpfung: Frank ist so reich, dass das Paar isst – und zwar egal wie
teuer.

✽ Niederlande – Amsterdam
Die Bilder: Daraus werden die niedrigen Lande und ein Hamsterdamm.
Verknüpfung: In diesen niedrigen Landen ist ein Hamsterdamm das
höchste Bauwerk.

Geschichtsdaten leicht, spielerisch und schnell gemerkt

Ob Telefon- oder PIN-Nummern, ob Geburtstage oder Geschichtszahlen: Das
Abspeichern funktioniert nach derselben Methode.

Machen Sie mit Ihrem Kind zuerst ein paar einfache Zahlenübungen aus dem
zweiten Kapitel. Danach können Sie mit den speziellen Übungen für den
Geschichtsunterricht weitermachen.

 ÜBUNG: *Geschichtsdaten speichern*

* Luthers Thesenanschlag 1517
  Kreieren Sie gemeinsam mit Ihrem Nachwuchs eine Geschichte aus Luther, dem Thesenanschlag, einem Aufzug und einem Zeichendreieck.

* Erste Mondlandung 1969
  Hier müssen Sie eine Filmszene erfinden, die aus Mondlandung, Luftballon, Elefant und Schlange besteht.

* Weltwirtschaftskrise 1929
  Hier benötigen Sie ein Bild für den Begriff Weltwirtschaftskrise. Dieses verknüpfen Sie mit dem Luftballon, einem Schwan und einer Schlange.

* Beginn des 1. Weltkriegs 1914
  Und hier wird nun ein Bild für den ersten Weltkrieg gebraucht, das sich mit einem Luftballon und einem Blitz verknüpfen lässt.

Übung beendet? Dann prüfen wir mal, wie gut das Speichern von Geschichtsdaten schon funktioniert:

* Wann war die Weltwirtschaftskrise? _____

* Wann schlug Luther seine Thesen an? _____

* Beginn des 1. Weltkriegs war? _____

* Die erste Mondlandung fand statt im Jahre? _____

Bestimmt war es für Ihre Zöglinge leicht, die Fragen zu beantworten – vorausgesetzt, deren Bilder und Filmszenen waren ungewöhnlich und damit einprägsam.

Lernen Sie also mit Ihren Kindern in Zukunft Geschichtsdaten genau auf diese Art und Weise. Es wird sich schon bald in guten Noten und Spaß beim Lernen niederschlagen. Für zwei der obigen Daten finden Sie auf den folgenden Seiten noch meine Beispiele:

Beispiele

* 1517 – Martin Luthers Thesenanschlag: Martin Luther fährt mit dem Aufzug (15) zu der Tür hoch, an welcher er die Thesen anschlagen will. Mit dem Zeichendreieck (17) misst er den besten Platz zum Anschlagen aus.

* 1914 – Beginn des Ersten Weltkriegs: Der Erste Weltkrieg begann in dem Moment, als in den schönen Luftballon (19) der Blitz (14) eingeschlug. Der laute Knall ließ alle Soldaten wach werden und sie rannten gleich los in den Krieg.

Auch Formeln lernen kann lustig sein

Beim Lernen von Formeln macht es Sinn, sich für jedes mathematische Zeichen ein Bild auszudenken. Sie können es entweder selbst entwickeln oder Sie übernehmen diejenigen, die ich Ihnen hier vorgestelle.

Die Buchstaben werden zu Tieren. Achten Sie aber darauf, dass Sie den Schwan, den Elefanten und die Schlange nicht für Buchstaben benutzen, denn diese sind ja bereits durch die Zahlensymbole belegt.

> **➡ BEISPIELE**
>
> * *$a + b$: Diese Formel merken Sie sich, indem Sie sich vorstellen, wie sich zu einem Affen (a wie Affe) ein Bär (b wie Bär) dazugesellt. Plus bedeutet also, dass ein Tier dazukommt.*
> * *$a - b$: Sie sehen einen Affen und einen Bär. Der Bär geht weg. Minus wird also durch Weggehen verbildert.*
> * *$\frac{a}{b}$: Der Affe sitzt auf dem Tisch, der Bär darunter. Der Bruchstrich ist also ein Tisch.*
> * *$a \times b$: Der Affe malt mit dem Bär ein Bild. Multiplizieren (also Mal-Nehmen) wird durch Malen verbildert.*
> * *Potenzen, als beispielsweise a^2, merken Sie sich folgendermaßen: Auf der Schulter des Affen sitzt ein Schwan.*
> * *Bei Wurzelzahlen, wie $\sqrt{9}$, stellen Sie sich für das Wurzelzeichen einfach eine Baumwurzel vor. Darunter sitzt die Schlange, die ja Ihr Bild für die Zahl Neun ist.*
> * *Bei der Kombination von Buchstaben mit tief gestellten Zahlen, also beispielsweise a_2, sehen Sie einen Affen, an dessen Bein sich ein Schwan klammert.*

Beispiele

✱ Ihre Formel lautet: $a^2 + b^2 = c^2$

Sie sehen einen Affen mit einem Schwan auf der Schulter. Dazu gesellt sich ein Bär, auf dessen Schulter ebenfalls ein Schwan sitzt. Der Bär bringt zwei Skier mit (zwei Skier nebeneinander symbolisieren das Gleichheitszeichen), auf welchen ein Chamäleon sitzt. Auch dieses hat einen Schwan auf der Schulter. Wenn Sie diese absurde Szene in Wirklichkeit erleben würden, könnten Sie sich sicher sehr lange daran erinnern.

✱ Eine weitere Formel: N_2O (Lachgas)

Ein Nashorn, an dessen Bein sich ein Schwan klammert, steht neben einem Ochsen. (Dieser kommt nicht dazu, sonst wäre es eine Addition.) Der Ochse muss so sehr lachen, dass ihm etwas Gas entweicht.

Vokabeln lernen

Wie man effektiv Vokabeln lernt, haben Sie bereits im Special von Kapitel 2 erfahren. Gehen Sie die dort aufgeführten Beispiele auch mit Ihren Sprösslingen durch. Üben Sie die Technik ein und übertragen Sie sie auf die Vokabeln, welche Ihr Kind tatsächlich lernen muss. Sie werden sehen, dass Kinder hier schnell große Fortschritte machen. Hat Ihr Nachwuchs die Technik einmal richtig verinnerlicht, wird er sie nicht mehr missen wollen.

Lernen für Schulaufgaben und Klassenarbeiten: ein Kinderspiel!

In der Tat können Sie aus der Vorbereitung von Schulaufgaben und Klassenarbeiten mit Ihren Kindern ein Spiel machen. Besonders Ihre Kleinen werden daran viel Spaß haben. Besorgen Sie sich Karteikarten. Schreiben Sie auf die eine Seite eine zum Lernstoff passende Frage und auf die andere Seite die entsprechende Antwort. Nun lesen Sie die Frage vor und machen entweder gemeinsam oder jeder für sich ein Bild daraus. Dann können Sie gegeneinander spielen und damit den Ehrgeiz Ihres Nachwuchses wecken. Nachdem die Frage verbildert wurde, lesen Sie die Antwort vor und verbildern auch diese. Danach, na klar, verknüpfen Sie beide Bilder wieder auf möglichst originelle und damit einprägsame Weise miteinander. Haben Sie alle Karten durch, nehmen Sie anschließend zur Überprüfung nur die Seite mit den Fragen zur Hand. Lesen Sie die Frage vor und fragen Sie Ihr Kind, ob ihm die Geschichte dazu noch einfällt. Aus der Geschichte kommt dann wie von selbst auch die richtige Antwort. Zur Kontrolle drehen Sie die Karte um; wenn die Antwort richtig war, bekommt Ihr Kind einen Punkt.

Wie das genau funktioniert, zeigt Ihnen das folgende Kreativitätsspiel mit Fragen und Antworten zum Allgemeinwissen. Auch damit können Sie Ihre Kinder immer wieder begeistern, sinnvoll beschäftigen, fit machen für den Schulalltag – und auch Ihr eigenes Allgemeinwissen immer wieder verbessern.

Kreativitätsspiel Allgemeinwissen

Dieses Kreativitätsspiel funktioniert genauso wie die bisherigen. Sie verknüpfen also wieder zwei Bilder bzw. Filmszenen zu einem. Trotzdem müssen Sie hier einen kleinen Umweg in Kauf nehmen: Sie müssen zunächst die Frage und auch die Antwort verbildern. Denn hier geht es ja nicht mehr um einzelne Kosmetikartikel, Berufe, Tiere oder Spielzeuge, sondern um ein komplexeres Gebilde: Ihr Allgemeinwissen. Spielen Sie dieses Spiel mit der ganzen Familie. Sie benötigen dafür lediglich ein Buch mit Fragen und Antworten zum Thema Allgemeinwissen, mit dessen Hilfe Sie die Karteikarten anfertigen. In der Literaturliste am Ende dieses Buches finden Sie auch hierzu meine Empfehlungen. Im Kasten finden Sie ein Beispiel, wie die Methode in diesem Fall funktioniert. Und nun sind Sie dran.

➡ *BEISPIEL*

Angenommen, die Frage lautet: In welcher Stadt wurden die vereinten Nationen gegründet? Und die Antwort heißt: San Francisco. Sie können diese Kombination folgendermaßen für sich abspeichern: Stellen Sie sich vor, wie sich viele Nationen (Menschen unterschiedlichsten Aussehens und verschiedenster Herkunft) in San Francisco (mein Bild: Sand mit Fransen in der Disco) treffen und vereinen.

Als Bild für vereinen können Sie sich Menschen vorstellen, die Liebe machen.

Wenn Sie sich diese Szene lebhaft vor Ihrem geistigen Auge vorgestellt haben, wird Ihnen sofort, wenn Sie die Frage lesen, der fehlende Teil und damit die Antwort im Geiste erscheinen.

TEST: *Kreativitätsspiel Allgemeinwissen*

Frage: In welcher Stadt wurde die erste deutsche Universität gegründet?
Antwort: In Prag (1348 war Prag noch deutsch).

Frage: Welcher Maler ist für seine Bilder von Sonnenblumen bekannt?
Antwort: Vincent van Gogh

Frage: Wer war der letzte Ministerpräsident der DDR?
Antwort: Lothar de Maizière

Frage: Wer entdeckte die Hawaii-Inseln?
Antwort: James Cook

Frage: Wie nennt man eine Sammlung von Gedichten und Erzählungen?
Antwort: Anthologie

Frage: Welcher preußische König wurde auch der Soldatenkönig genannt?
Antwort: Friedrich Wilhelm I.

Frage: In welchem geologischen Zeitabschnitt traten erstmals Säugetiere auf?
Antwort: im Trias

Frage: Wie nennt man eine Sammlung von Skulpturen?
Antwort: Glyptothek

Frage: Welches ist der größte Süßwassersee der Erde?
Antwort: der Obere See

Frage: Wer war der Komponist der Dreigroschenoper?
Antwort: Kurt Weill

So, das hätten wir hinter uns. Funktioniert von der Technik her gleich und ist doch um einiges heftiger, oder? Aber ich bin mir sicher, dass Sie sich ganz gut schlagen werden. Testen wir es doch gleich einmal.

Frage: In welcher Stadt wurden die Vereinten Nationen gegründet?

Antwort: _____

Frage: In welcher Stadt wurde die erste deutsche Universität gegründet?

Antwort: _____

Frage: Welcher Maler ist für seine Bilder von Sonnenblumen bekannt?

Antwort: _____

Frage: Wer war der letzte Ministerpräsident der DDR?

Antwort: _____

Frage: Wer entdeckte die Hawaii-Inseln?

Antwort: _____

Frage: Wie nennt man eine Sammlung von Gedichten und Erzählungen?

Antwort: _____

Frage: Welcher preußische König wurde auch der Soldatenkönig genannt?

Antwort: _____

Frage: In welchem geologischen Zeitabschnitt traten erstmals Säugetiere auf?

Antwort: _____

Frage: Wie nennt man eine Sammlung von Skulpturen?

Antwort: _____

Frage: Welches ist der größte Süßwassersee der Erde?

Antwort: _____

Frage: Wer war der Komponist der Dreigroschenoper?

Antwort: _____

Wenn Sie hier auf Anhieb sechs Richtige hatten, ist das schon ein befriedigendes Ergebnis. Sollten Sie acht gewusst haben, sind Sie gut. Und falls Sie zehn bzw. alle elf richtig beantwortet haben, sind Sie wirklich sehr gut.

Meine Verknüpfungen zu diesem Thema möchte ich Ihnen natürlich nicht vorenthalten.

Beispiele

✱ Frage: In welcher Stadt wurde die erste deutsche Universität gegründet?

Antwort: In Prag (1348 war Prag noch deutsch).

Verknüpfung: Hier sehe ich eine Stadt mit einer sehr alten Universität und vielen Studenten. Auf dem Dach der Uni brennt eine überdimensional große Kerze (als Bild für erste Uni). Das ganze Wachs läuft übers Dach und an der Uni herunter. Bei genauerem Hinsehen erkenne ich, dass aus der Kerze ein P ragt (für Prag). Oder es plätschert Brack-Wasser an die Mauern herunter.

✱ Frage: Welcher Maler ist für seine Bilder von Sonnenblumen bekannt?

Antwort: Vincent van Gogh

Verknüpfung: Sehen Sie bitte vor Ihrem geistigen Auge einen Mann. Dieser gewinnt einen Cent (Vincent) vom Koch (van Gogh). Damit kauft er Pinsel und Farbe und malt nur noch Sonnenblumen.

✱ Frage: Wer war der letzte Ministerpräsident der DDR?

Antwort: Lothar de Maizière

Verknüpfung: Hinter der Mauer (DDR) sitzt ein Mann ganz allein, alle sind weg, er ist der letzte. Neben ihm liegt ein kleiner Stern, den er geschenkt bekommen hat, ein Mini-Stern-Präsent (Ministerpräsident). Er hat angelötetes Haar, also Löthaar (für Lothar). An seinem Löthaar hängen ein Mais(kolben) und eine Ähre (Maizière).

✱ Frage: Wer entdeckte die Hawaii Inseln?

Antwort: James Cook

Verknüpfung: Stellen Sie sich vor, wie ein Koch (Cook) durchs Fernglas guckt. Vielleicht reicht Ihnen auch nur »guckt« für Cook. Der Koch war früher Butler (James). Er sieht auf einmal eine Insel mit braungebrannten Mädchen, die Blumenketten um den Hals tragen. Schnell segelt er rüber und kocht für die hübschen Mädels auf Hawaii.

✱ Frage: Wie nennt man eine Sammlung von Gedichten und Erzählungen?

Antwort: Anthologie

Verknüpfung: Sie sehen viele Bücher mit Erzählungen und viele Gedichtbände vor Ihrem geistigen Auge. Die pressen Sie jetzt gegen eine Wand aus Ton

und lügen, dass sich die Balken biegen – »An Ton log ich« (Anthologie). Oder
Sie stellen sich vor, ein Theologe (bayrisch ausgesprochen klingt »ein Theologe«
so ähnlich wie »an Theologe«, also Anthologie) sammelt Bücher, Gedichtbände und Erzählungen.

✳ Frage: Welcher preußische König wurde auch der Soldatenkönig genannt?
Antwort: Friedrich Wilhelm I.
Verknüpfung: Ein Soldat, allerdings ohne Helm, auf dem Thron. Er hat eine
Friedensfahne dabei und riecht daran (Friedrich). Plötzlich schreit er lauthals:
»Will Helm!« (Wilhelm). Er bekommt auch einen Helm und steckt eine Kerze
oben drauf und zündet diese an (die Kerze steht für »der Erste«).

✳ Frage: In welchem geologischen Zeitabschnitt traten erstmals Säugetiere auf?
Antwort: im Trias
Verknüpfung: Stellen Sie sich die ersten Säugetiere vor. Was sehen Sie? Ich
sehe Saurier beim Kartenspielen. Und einer hat sogar gleich drei Asse (Trias).

✳ Frage: Wie nennt man eine Sammlung von Skulpturen?
Antwort: Glyptothek.
Verknüpfung: Stellen Sie sich eine Sammlung von Statuen in einem Museum
vor. In diesem Museum steht auch eine Theke. Eine sehr auffällige Skulptur
beginnt plötzlich zu glühen. Dann stirbt sie und fällt auf die Theke. Sie glüht und
liegt tot auf der Theke (Glyptothek)

✳ Frage: Welches ist der größte Süßwassersee der Erde?
Antwort: der Obere See.
Verknüpfung: Stellen Sie sich einen großen See in einem Regal vor. Ein noch größerer liegt über ihm im Regal. Ganz oben ist der größte See im Regal. Das ist
der Obere See.

✳ Frage: Wer war der Komponist der Dreigroschenoper?
Antwort: Kurt Weill
Verknüpfung: Drei Groschen liegen auf einer Opernbühne. Da kommt ein
Mann mit einem Gurt (Kurt) und wickelt den Gurt um die drei Groschen. Aller-
dings macht er dies nur für eine kurze Weile (Weill), dann lässt er sie wieder frei.

Special: Wie motiviere ich mein Kind zum Lernen?

Grundsätzlich lernen Kinder gerne – es kommt allerdings darauf an, was. Ich habe noch kein Kind kennengelernt, das nicht auf irgendeinem Gebiet Neugier und Interesse gezeigt hätte – obwohl manche Eltern das behaupten. Erziehungsberechtigte wissen es eben nicht unbedingt zu schätzen, dass sich Kinder fürs Skateboardfahren oder fürs Chatten im Internet, für Handys oder fürs Fernsehen interessieren. Tatsächlich sind aber genau das die Dinge, die Kindern gefallen – also die Bereiche, für die es Interesse aufbringt und die ihm Spaß machen. Und Sie als Eltern sollten auch Interesse an dem zeigen, was Ihr Kind interessiert. Wenn Sie die Interessen Ihres Sprösslings ernst nehmen, dann wird er auch Sie ernst nehmen und respektieren. Weil er sich selbst ernst genommen und respektiert fühlt. Was zwischen Erwachsenen gilt, gilt nämlich auch zwischen Erwachsenen und Kindern: Nur wer sich selbst respektiert fühlt, kann auch andere respektieren.

Je besser Sie Ihr Kind kennen, desto besser können Sie es motivieren. Und Motivation ist das A und O für erfolgreiches Lernen. Sie können die Vorlieben Ihres Kindes nutzen, um es für die Schule, fürs Lernen und für Ordnung und Organisation zu motivieren. Dabei sollten Sie die folgenden Grundregeln beachten.

Grundregeln für motiviertes Lernen

* Die Lern- und Hausaufgabendauer sollte dem Alter des Kindes angepasst sein. Ein Kind in der zweiten Klasse sollte nicht mehr als 20 Minuten pro Tag lernen müssen, eines in der sechsten maximal eineinhalb Stunden. Sollte es von selbst mehr lernen wollen, dann ist das in Ordnung.
* Kinder brauchen feste Rituale: Die Zeiten für die Erledigung der Hausaufgaben und für zusätzliches Lernen sollten festgelegt sein. Sollte Ihr Kind zu unterschiedlichen Zeiten nach Hause kommen, ist das trotzdem kein Problem. Aber das Kind muss genau wissen, dass um 15 Uhr die Hausaufgaben gemacht werden, weil zum Beispiel an den Tagen, an denen der Unterricht um 13 Uhr beendet ist, die Hausaufgaben um 15 Uhr gemacht werden. An anderen Tagen kommt Ihr Kind vielleicht erst um 16 Uhr nach Hause. An diesem Tag werden die Hausaufgaben dann immer um 17.30 Uhr gemacht.

* Für Kinder ist es am besten, wenn der ganze Tagesablauf klar strukturiert ist. Die Pause zwischen Schule und Hausaufgaben sollte zwischen einer und zwei Stunden betragen. Achten Sie auch auf ausreichend Freizeit. Ihr Kind sollte mindestens zwei Stunden pro Tag haben, in denen es selbst entscheidet, wie es sich beschäftigt.
* Kinder brauchen eigene Arbeits- bzw. Lernbereiche. Am sinnvollsten ist ein eigenes Zimmer mit kindgerechtem Schreibtisch. Dieser sollte ordentlich und übersichtlich sein, sonst ist erfolgreiches Lernen nicht gewährleistet. Sollte Ihr Kind die Hausaufgaben am Ess- oder Küchentisch machen, weil zum Beispiel kein eigenes Zimmer vorhanden ist, sollten Sie während des Lernens für Ruhe sorgen.

Die schulische Lernbereitschaft ist bei Kindern sehr wechselhaft. Ermuntern Sie Ihr Kind immer wieder zum Lesen, ohne dass bei ihm der Eindruck entsteht, es müsse es tun. Lesen Sie unbedingt auch gemeinsam mit Ihrem Kind und sprechen Sie anschließend über das Gelesene. Rechnen Sie mit Ihrem Kind immer mal wieder seinen Fähigkeiten entsprechende Aufgaben, am besten immer dann, wenn es die Praxis tatsächlich erfordert. Achten Sie dabei darauf, nicht schulmeisterlich zu sein. Schauen Sie gemeinsam mit Ihren Kindern Wissenssendungen im Fernsehen an. Wenn Sie Ihrem Nachwuchs ohne Druck vermitteln, wofür Sie sich interessieren, wird es sich von Ihrem Beispiel leiten lassen.

> **➡ TIPP**
>
> *Beachten Sie die folgenden Punkte, wenn Sie Ihr Kind optimal zum Lernen motivieren wollen. Bieten Sie Hilfe und Unterstützung, und vermeiden Sie Besserwisserei und Druck.*
>
> **1. Ihr Kind muss wissen, was es tatsächlich braucht.**
> *Oftmals haben Schüler den Eindruck, die Menge des Lernstoffs niemals bewältigen zu können. Dies behindert den Einstieg ins Lernen immens. Bei vielen Themengebieten genügt es aber zunächst, das Grundlegende zu behalten, um anschließend an die Details zu gehen. Erstellen Sie also gemeinsam mit Ihrem Kind einen Lernplan. Dieser sollte »vom Groben ins Feine« gehen – Ihr Kind beginnt also mit dem Grundwissen, um sich erst anschließend mit Details zu beschäftigen.*

➡ TIPP

Auf diese Art und Weise erhält Ihr Sprössling immer wieder kleine Beloh-nungen, weil er sofort erkennt: »Hey, das kenn ich schon! Ach so geht das dann weiter.«

2. Konzentration kann man lernen.
Feste Zeiten begünstigen die Konzentration. Störquellen sollten ausgeschal-tet werden. Vereinbaren Sie mit Ihrem Kind, dass das Handy während der Lernzeiten aus ist – nicht auf lautlos gestellt, sondern wirklich abgeschal-tet. Musik und Fernsehen sind tabu. Erlaubt ist lediglich leise konzentra-tionsfördernde Musik im Hintergrund. Dies sollte Musik mit maximal 80 Beats pro Minute sein.
Ihr Kind kann auch einen kleinen Wettkampf mit sich selbst veranstalten: Ziel ist es, jedes Mal eine Minute länger konzentriert zu lernen. Eine Minute ist nicht viel. Das kann man schaffen. Über 30 Tage hinweg kann Ihr Kind dann aber schon 30 Minuten länger konzentriert lernen.

3. Belohnen Sie Ihr Kind.
Wenn Ihr Kind etwas geleistet hat, sollte es belohnt werden. Nein, ich meine kein Geld, sondern ganz verschiedene andere Dinge sein. Alle Kinder lieben zum Beispiel Unternehmungen mit den Eltern oder einem Elternteil. Gehen Sie zusammen ins Kino, in den Zoo, in ein Konzert oder auch mal (aber nicht zu oft) in eines der beliebten Fast-Food-Restaurants. Schenken Sie Ihrem Kind als Belohnung eine Kleinigkeit(!) für sein Hobby: einen schicken Handyanhänger, eine Musik-CD, eine DVD oder ein cooles Ska-tercap.
Achten Sie darauf, sich immer mal wieder was Neues einfallen zu lassen. Lassen Sie die Belohnungen aber nicht zum Selbstläufer werden. Belohnen Sie gezielt und ausdrücklich, nicht gedankenlos nach Schema F. Es sollte auch nicht so weit kommen, dass Ihr Kind aus Ihrem »Belohnungssystem« Ansprüche ableiten kann.

4. Gönnen Sie Ihrem Kind Pausen.
Kinder brauchen Pausen, wenn sie längere Zeit konzentriert lernen sollen. Wie schon oben erwähnt, sollte die Gesamt-Lernzeit nicht überschritten werden, und Ihr Kind sollte etwa alle 45 Minuten eine kleine Pause von ca. 10 bis 15 Minuten machen. In dieser Zeit sollte es sich bewegen, frische Luft schnappen, ein Glas Wasser oder Fruchtschorle trinken und/oder ein Stück Obst essen. Es darf ruhig während der Pause auch die Freundin oder den Freund anrufen, aber weder fernsehen noch im Internet surfen.

Gezielte
PRÜFUNGS-
VORBEREITUNG

Viele Erwachsene tun sich schwer, wenn sie im »hohen« Alter auf einmal wieder eine Prüfung machen müssen oder wollen. Damals als Schüler oder Student lernte es sich doch leichter. Nach der Lektüre der ersten drei Kapitel wissen Sie bereits, dass dies nicht stimmt. Und damit Sie Ihre nächste Prüfung mit Bravour bestehen oder einfach Ihren Kindern helfend zur Seite stehen können, gehen wir im folgenden Kapitel auf Prüfungen aller Art ein.

Sich Wissen schnell und sicher aneignen

Es gibt verschiedene Methoden, den Lernstoff so aufzubereiten, dass er gut zu lernen ist. Es ist nicht immer gehirngerecht, nur aus dem Buch zu lernen, in welchem die Informationen stehen. Deshalb beleuchten wir hier ein paar unterschiedliche Methoden. Sicherlich gibt es noch mehr davon. Die hier vorgestellten sind jedoch an den unterschiedlichsten Personen mit den unterschiedlichsten Lernstoffen getestet und als sehr wirkungsvoll bewertet worden.

> ➡ *TIPP*
>
> *Benutzen Sie bei Ihrer Prüfungsvorbereitung nicht nur eine der Techniken. Vielmehr macht es Sinn, ein bestimmtes Fachgebiet zum Beispiel mit der Mind-Map-Methode aufzubereiten, mit der Geisselhart-Technik abzuspeichern und durch Lernen im Schlaf zu begleiten. Kombinieren Sie also die Methoden miteinander. Sollten Ihnen Superlearning und Lernen im Schlaf zu umständlich sein, können Sie natürlich darauf verzichten. Wenn Sie bei Ihrem Lernstoff konkrete Fragen und Antworten haben und diese nicht zu lang sind, empfiehlt sich die Lernkartei. Sie können dann immer ein paar Karteikarten einstecken und die Antworten mit der Geisselhart-Technik abspeichern.*

Ob Sie nun beim Arzt oder Frisör im Wartezimmer sitzen, im Zug unterwegs sind oder im Supermarkt an der Kasse anstehen, in Zukunft können Sie solche Wartezeiten sinnvoll nutzen (dazu mehr in Kapitel 6). Als Grundlage empfehle ich, wie könnte es anders sein, wie immer die Geisselhart-Technik. Wie Sie diese auf verschiedene Prüfungsthemen anwenden können, erfahren Sie weiter hinten in diesem Kapitel.

Lernzeiten und Lerndauer

Die Tageszeit, zu der Sie am erfolgreichsten lernen, richtet sich nach Ihrer persönlichen Leistungskurve. Die beste Zeit für hochkonzentriertes Arbeiten liegt im Allgemeinen zwischen acht Uhr morgens und zwölf Uhr mittags. Zwischen 18 und 22 Uhr ist noch einmal ein guter Zeitpunkt, um zu lernen.

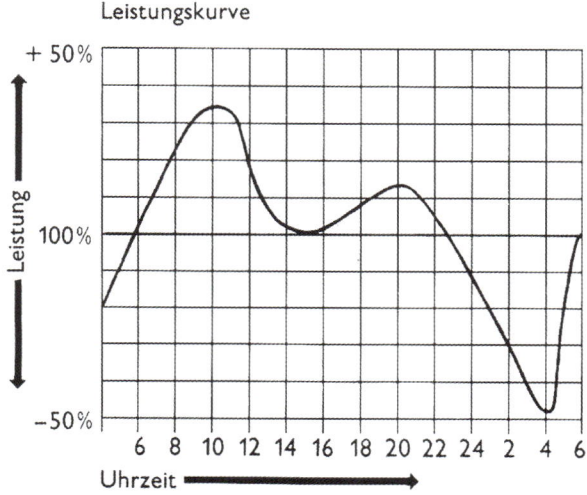

Dies sind allgemeingültige Durchschnittszeiten. Sie kennen sich aber selbst am besten und wissen, wann Sie gut lernen können und zu welchen Zeiten Sie eher Fehler machen, unkonzentriert sind oder schlicht keine Lust haben zu pauken. Auch sollten Sie immer an Pausen denken. Wann und wie lange diese sein sollen, müssen Sie selbst für sich entscheiden. In der Praxis hat es sich für Anfänger bewährt, nach 45 bis 60 Minuten konzentriertem Lernen eine ca. 15- bis 20-minütige Pause einzulegen. Aber es gibt auch Menschen, die ohne Unterbrechung und sehr effektiv zwei bis drei Stunden lernen können. Wenn das Lernen spielerisch gestaltet wird, fällt es den meisten leichter.

➡ *WISSENSWERTES*

Viel wichtiger als die Dauer der Lernzeiten ist die Erkenntnis, dass neu erlerntes Wissen eine sogenannte Inkubationszeit benötigt. Es muss im Gedächtnis erst mal richtig einsortiert werden. Unser Gehirn nutzt hierfür laut wissenschaftlichen Studien die Schlafphasen. Tests haben bewiesen, dass Studenten sich deutlich besser an gelernte Informationen erinnern, wenn sie sofort nach der Lernphase ein Schläfchen machen durften – also das berühmte Buch unterm Kopfkissen. Sorgen Sie daher dafür, dass Sie nach Ihrer Lerneinheit ein kleines Nickerchen machen oder lernen Sie abends, bevor Sie ins Bett gehen.

Lernatmosphäre

Ihre Lernumgebung sollten Sie mögen. Allerdings nicht zu sehr, sonst könnten Sie leicht abgelenkt werden. Ein Raum mit Urlaubsfotos und Ihren Hobby- bzw. Sportutensilien würde Ihre Gedanken zu oft in diese Richtung lenken und Sie vom Lernen abhalten. Sorgen Sie daher für einen Raum oder einen Platz im Freien, der Ihnen gefällt, aber nichts bietet, womit man sich lange beschäftigen kann. Sie sollten die Umgebung unbedingt auch prinzipiell mit guten Gefühlen verbinden, siehe hierzu auch das Special »Erste Hilfe bei Black-out« am Ende dieses Kapitels.

Sorgen Sie für frische Luft und absolute Ruhe. Wenn es damit nicht klappt, probieren Sie mal das Gegenteil aus. Viele Menschen lassen sich leichter durch gelegentliche leise Geräusche ablenken als durch konstanten Lärm, wie beispielsweise Verkehrslärm. In einem eher ruhigen Café, in dem man mitbekommt, was am Nachbartisch gesprochen wird, können sich viele Menschen schlechter konzentrieren als in einer vollen Kneipe, in der man sein eigenes Wort kaum versteht.

Lernfutter

Wenn es um geistige Leistung geht, sollten Sie auch auf Ihre Ernährung achten. Ob körperliche oder geistige Leistungsfähigkeit: Beides hängt sehr eng mit der Ernährung zusammen. Allerdings ist für den Geist weniger die Menge, als vielmehr die Auswahl dessen, was er zugeführt bekommt, von Bedeutung. Je höher die körperliche Leistung, desto höher der Energieverbrauch – ist klar. Das Gehirn tickt aber anders. Egal ob Sie lernen, sich geistig anstrengen oder einfach nur in der Sonne liegen: Ihr Gehirn verbraucht immer dieselbe Menge an Energie. Durchschnittlich etwa 20 Prozent unseres Gesamtkalorienbedarfs benötigt unser Denkorgan jeden Tag. Und es kann nur mit Kohlenhydraten etwas anfangen. Unser Gehirn braucht Glucose, und das ständig, denn

> **➡ TIPP**
>
> *Informieren Sie sich umfangreich über den genauen Prüfungsstoff. Nutzen Sie dafür alle Quellen: Lehrer, Prüfer, Mitprüflinge, frühere Schüler/Prüflinge, Literatur. Nur so können Sie sich zielgerichtet vorbereiten und laufen nicht Gefahr, am Ende das Falsche gelernt zu haben. Und Sie wissen vor allem auch, wann Sie anfangen müssen zu lernen. Planen Sie also rechtzeitig.*

es gibt im Gehirn keine Möglichkeit, Nährstoffe zu speichern. Die Glucosevorräte im Blut sind sehr schnell erschöpft und die der Leber halten auch nicht lange vor. In extremen Notzeiten kann unser Gehirn deshalb – anders als der Rest des Körpers – maximal einen Tag ohne Nachschub auskommen. Achten Sie daher unbedingt auf regelmäßige, kleine, gesunde und kohlenhydratreiche Snacks. Meiden Sie Zuckerprodukte, da diese den Insulinspiegel unnötig in die Höhe treiben. Versorgen Sie sich mit länger anhaltenden Kohlenhydraten aus Vollkornprodukten, Obst, Reis, Kartoffeln, Milchprodukten und naturreinen Säften und verzichten Sie auf extreme Low-Carb- oder Atkinson-Diäten. Zusätzlich sollten Sie reichlich Gemüse essen sowie Nüsse und Fische. Wer keinen Fisch mag, kann diesen auch durch Fischölkapseln ersetzen. Bananen sind nicht nur für die Konzentration, sondern auch für gute Laune zuständig. Eier fördern durch die Inhaltsstoffe Threonin, Lezithin, Arginin und Cholin die Konzentration und bereits nach zwei Stunden die Leistung des Kurzzeitgedächtnisses.

➡ *WISSENSWERTES*

Auch eine ausreichende Flüssigkeitszufuhr ist für unseren Körper und für unser Gehirn immens wichtig. Zehn Prozent aller Alzheimerdiagnosen sind, Untersuchungen zufolge, auf mangelnde Flüssigkeitszufuhr zurückzuführen. Trinken Sie über den Tag verteilt zwei bis drei Liter. Auch ein Gläschen Rotwein können Sie sich laut einer Studie von Prof. Ernst Pöppel gern gönnen. Das kann sich vorteilhaft auf Ihr Gehirn auswirken, und auch Kardiologen sprechen sich ja dafür aus. Allerdings liegt das Gift in der Dosis und zuviel Alkohol ist bekanntermaßen extrem schädlich fürs Gehirn.

Ernähren Sie sich also gesund und abwechslungsreich, dann klappt's auch mit dem Gedächtnis.

Wer keinen Fisch mag, kann entspannt mit Omega-3-Fettsäuren, die in damit angereichertem Brot oder Fischölkapseln enthalten sind, substituieren. Die Omega-3-Fettsäuren schützen unsere Zellen und verbessern das Kurzzeitgedächtnis. Das menschliche Gehirn besteht sogar zum Teil aus dieser Substanz. Hierzu noch zwei höchst interessante Forschungsergebnisse: Omega-3-Fettsäuren fördern die embryonale und frühkindliche Gehirnentwicklung und Omega-3-Fettsäuren reparieren altersbedingte Zellschäden.

Die verschiedenen Lernmethoden

Lernkartei

Die wohl bekannteste Lernmethode ist die Lernkartei. Hierbei handelt es sich um einen Karteikasten, der mit Karteikarten befüllt wird. Die Lernkartei ist das klassische Instrument zum organisierten Lernen. Hierzu wird auf der vorderen Seite einer Karteikarte die Frage oder ein Stichwort (z. B. Vokabel, Datum eines geschichtlichen Ereignisses etc.) notiert und auf der Rückseite die Antwort (deutsche Bedeutung der Vokabel, das Ereignis selbst). Da der Karteikasten aus mehreren Fächern besteht, kann das Lernen so organisiert werden, dass man genau den Lernstoff und die Teile wiederholt, die noch nicht abgespeichert wurden.

Die klassische Variante besteht aus fünf Fächern. Anfangs befinden sich alle zu lernenden Karten im ersten Fach. Die Karten werden nun gelernt und danach abgefragt. Diejenigen Karten, deren Antworten bereits »sitzen«, wandern ins zweite Fach. Wenn dieses voll ist, werden die entsprechenden Karten noch einmal durchgearbeitet; die richtig beantworteten Karten rücken vor ins dritte Fach, die falschen werden wieder ins erste zurückgestellt. War die Antwort einer Karteikarte also richtig, wird die Karte in das jeweils nächste Fach gesteckt. Wenn sie falsch war oder gar nicht gewusst wurde, wandert sie immer wieder zurück ins erste Fach, und zwar egal, aus welchem Fach sie entnommen wurde. Auch eine Karte, die schon im fünften Fach war, muss zurück in Fach 1, wenn der Lerner die Antwort nicht mehr parat hat. Sie muss dann wieder jedes einzelne Fach durchlaufen. Alle Karten aus Fach 5, die wirklich sitzen, können aus der Kartei genommen werden.

Diese Lernkartei wurde von Sebastian Leitner entwickelte; er stellte sie 1973 in seinem Buch »Lernen lernen« vor.

Mind-Mapping

Eine sehr gute Methode, Lernstoff in Stichworte und Gruppen aufzuteilen, ist für mich die Mind-Map-Technik. Mind-Map bedeutet Gehirn-Landkarte und spricht mit ihrem bildhaften Aufbau die kreative rechte Hirnhälfte an. Dadurch speichert unser Gedächtnis den Inhalt besser ab. Zudem sind wir kreativer und können uns besser auf die Stichpunkte konzentrieren, weil wir nicht durch eine Gliederung abgelenkt werden.

Die Erstellung einer Mind-Map ist denkbar einfach: Das Lernthema wird in die Mitte gesetzt, alle dazugehörenden Informationen werden als »Äste« um die Mitte herum notiert. Falls Sie zu einem Punkt Unterpunkte vermerken wollen, schreiben Sie diese als »Zweige« an den jeweiligen Ast. Sehen Sie sich hierzu ein Beispiel an, denn dabei wird die Anwendung am deutlichsten.

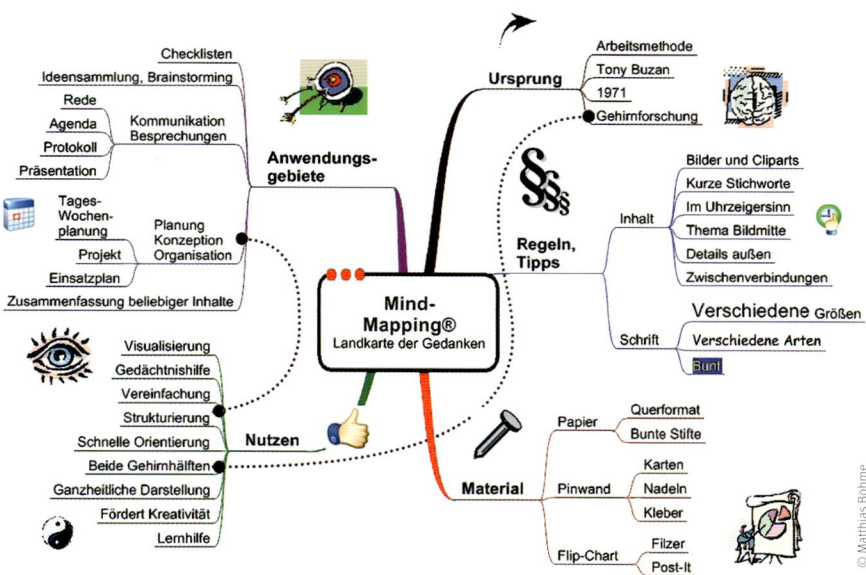

© Matthias Böhme

Superlearning, Lernen in Entspannung

Mitte der 1960er Jahre wurde diese Technik vom bulgarischen Arzt, Psychologen und Psychotherapeuten Prof. Dr. Georgi Lozanov an der Universität Sofia in Bulgarien entwickelt. In den USA und in Deutschland wurde die Technik weiterentwickelt; sie wird heute mit großem Erfolg besonders im Sprachentraining eingesetzt. Auch wenn die Erfolge, von denen Lozanov selbst berichtete, nicht nachprüfbar waren (so sollen seine Schüler bis zu 1.000 Vokabeln pro Stunde behalten haben), sind mit dieser Lerntechnik gute Ergebnisse erreichbar. Wenn Sie sich von dieser Methode angesprochen fühlen, sollten Sie sie ruhig einmal testen.

Während der Superlearning-Phase ist der Schüler sehr gelöst und hört im Hintergrund entspannende Musik. Die Gehirnwellen sind in dieser Entspannungsphase sehr gering. Der Schüler befindet sich im Idealfall im sogenannten Alpha-Zustand. Das Gehirn erzeugt nun Ströme im Frequenzbereich von nur etwa acht bis zwölf Hertz. Der Mensch ist dabei geistig hellwach, befindet sich aber in einem Entspannungszustand, der von Ruhe und Harmonie geprägt ist. Dieser

➡ SO FUNKTIONIERT SUPERLEARNING

Zur Vorbereitung des Superlearning benötigen Sie ein Aufnahme- sowie ein Abspielgerät. Nehmen Sie zuerst entspannende Musik auf oder besorgen Sie sich eine entsprechende CD. Dabei kann es sich um klassische Musik oder spezielle Entspannungsmusik handeln, die heute in großer Auswahl erhältlich ist. Diese musikalische Einleitungsphase sollte ungefähr zehn bis 15 Minuten lang sein. Anschließend nehmen Sie, während die Musik im Hintergrund weiterläuft, den Lernstoff ebenfalls auf – mithilfe eines Kassettenrekorders (falls Sie einen solchen noch besitzen) oder mit PC und Mikrofon. Sprechen Sie Ihren Lernstoff in einer Ihnen angenehmen Dauer auf. 30 bis 45 Minuten sind gut geeignet. Lassen Sie abschließend noch einige Minuten die Musik laufen – und fertig ist Ihre Superlearning-Kassette oder -CD. Sorgen Sie nun für Ruhe, machen Sie es sich bequem, schalten Sie die MC bzw. CD an und entspannen Sie sich. Denken Sie an nichts, halten Sie keinen Gedanken fest, lassen Sie alles fließen. Wenn die gesprochenen Informationen beginnen, hören Sie einfach nur zu. Wiederholen Sie diesen Vorgang zunächst zwei- bis dreimal und testen Sie dann Ihr Wissen – zum Beispiel mit der Lernkartei.

Zustand begünstigt sowohl die Kreativität als auch die Fantasie, Problemlösungen fallen viel leichter. Beide Gehirnhälften sind aktiv und arbeiten zusammen. Im Alpha-Zustand sind wir deutlich aufnahmefähiger und konzentrierter. Im normalen Wachzustand, dem Beta-Zustand, werden Ströme von etwa 13 bis 30 Hertz erreicht.

Lernen im Schlaf

Wäre das nicht schön? Sie legen sich abends hin, schlafen ein und wachen am nächsten Morgen entspannt wieder auf – nebenbei haben Sie auch noch eine weitere Fremdsprache gelernt. Ganz so einfach geht es leider nicht. Aber etwas Ähnliches funktioniert:

Wie beim Superlearning lernen Sie auch bei dieser Technik mit Tonträgern. Da unser Gehirn auch während des Schlafs aufnahmefähig ist, und zwar besonders in den Traumphasen, gehen Informationen, die wir im Schlaf hören, nicht spurlos an uns vorüber.

Sprechen Sie also Ihren Lernstoff auf eine CD oder Kassette (es gibt hierfür spezielle Endloskassetten) und schalten Sie das Abspielgerät vor dem Zubettgehen ein. Die Lautstärke sollte sehr niedrig sein, etwas so, dass Sie im Wachzustand schon sehr genau hinhören müssen, um etwas zu hören. Noch perfekter wird das Ganze mit einer Zeitschaltuhr. Diese sollte das Gerät einige Minuten, nachdem Sie sich hingelegt haben, starten. Sie sollten aber noch nicht eingeschlafen sein, denn kurz vor dem Einschlafen können Sie den Alpha-Zustand nutzen – so wie beim Superlearning. Die CD oder Kassette sollte nun die ganze Nacht über wiederholt werden. (Die meisten CD-Spieler verfügen über eine Repeat-Taste.) Sprechen Sie nicht zuviel Stoff auf: Da Sie im Schlaf hauptsächlich während der Traumphasen, auch REM-Phasen genannt, lernen, sollten die Lernabschnitte nicht länger als diese Phasen sein – also etwa 20 Minuten lang. Wir durchlaufen durchschnittlich alle anderthalb Stunden eine solche Traumphase, also insgesamt etwa vier oder fünf im Verlauf einer Nacht. Folglich nimmt unser Gehirn die gehörten Infos etwa vier- bis fünfmal wahr. Probieren Sie doch mal aus, wie es bei Ihnen funktioniert. Das Ergebnis wird Sie positiv überraschen!

Wissen schnell und sicher abrufen

Sollten Sie gerade dabei sein, für eine Prüfung zu lernen, oder sich mit dem Gedanken tragen, sich für eine Prüfung anzumelden, so helfen Ihnen die folgenden Beispiele mit Sicherheit, sich auch auf Ihr spezielles Themengebiet erstklassig, sicher, zügig und abwechslungsreich vorzubereiten. Vielleicht haben Sie sich aber bisher noch nicht einmal getraut, einen Segel- oder Surfschein zu machen, einen bestimmten zusätzlichen beruflichen Abschluss abzulegen oder einfach nur eine Weiterbildungsveranstaltung zu besuchen.

In meinen Seminaren höre ich die Teilnehmer zu Beginn oft sagen, dass sie gerne noch eine Fremdsprache erlernen, ein bestimmtes Computerprogramm beherrschen oder einen Tanzkurs besuchen würden. Viele von ihnen trauen sich aber einfach nicht, weil sie denken, sie seien dafür zu alt, zu lange aus der Schule raus, um noch mal etwas lernen zu können, würden nicht richtig folgen können. Nun, sollten Sie zu diesen Menschen gehören, kann ich Sie beruhigen. Sie werden wahrscheinlich sowieso schon jetzt festgestellt haben, dass Sie sehr wohl noch exzellent lernen können, wenn Sie es richtig, also gehirngerecht, anstellen. Wie Sie dies auf konkrete Lernsituationen und Prüfungen in der Praxis übertragen, erfahren Sie gleich im Anschluss.

Praxisbeispiele für Erwachsenenprüfungen

Die beiden wichtigsten, wirklich allerwichtigsten, Faktoren bei Anwendung der Geisselhart-Technik sind eindeutig die Fähigkeiten, in Bildern zu denken und kreative Verknüpfungsbilder herzustellen. Am Anfang ist es für viele Menschen eine extreme Umgewöhnung, beim Abrufen von gespeicherten Informationen in Bildern zu denken. Dies ist aber unerlässlich. Nur so klappt es, denn so funktioniert unser Gehirn. Immer wieder versuchen Vortrags- oder Seminarteilnehmer, wie gewohnt zu überlegen. Wie gewohnt heißt aber, mit und in der linken, rationalen Gehirnhälfte nach der gewünschten Information zu suchen. Da wird man sie aber nicht finden, denn sie wurde ja anhand von Bildern mit Kreativität gespeichert. Also befindet sie sich mit an Sicherheit grenzender Wahrscheinlichkeit auf der bilderreichen, kreativen, rechten Seite – und ist deshalb auf herkömmliche Art und Weise nicht oder kaum mehr auffindbar. Sobald ich diese

Teilnehmer aber nach einem Teil des abgespeicherten Verknüpfungsbildes frage, wissen sie prompt die Antwort, sprich den daran geknüpften Teil. Es kann hier nicht oft genug darauf hingewiesen werden, dass es immens wichtig ist, auch beim Abrufen der gespeicherten Informationen in Bildern zu denken. Stellen Sie sich deshalb die Frage stets als Bild, Szene oder Film vor. Sollten Sie die Antwort mit der richtigen Technik daran gekoppelt haben, ist die Chance extrem hoch, die gesuchte Information sicher und schnell abrufen zu können.

Machen wir gleich wieder ein paar Übungsbeispiele. Dieses Buch soll Ihnen ja als praktische Hilfe dienen – und nichts hilft mehr als Übung. Schauen Sie sich die folgenden, unterschiedlichen Prüfungsthemen an. Es gibt zu jedem Gebiet ein paar ausgewählte Fragen mit den passenden Antworten und Beispiele, wie Sie diese miteinander verknüpfen können.

✳ Prüfung zum Sportseeschifferschein
Frage: Was versteht man unter einer steifen Yacht?
Antwort: Eine Yacht nennt man steif, wenn sie weniger leicht krängt (sich schräg legt, wenn der Wind ins Segel drückt).

Stellen Sie sich nun die Frage als Bild vor: Ein starker Gewichtheber versucht, die Yacht über seinem Knie oder Oberschenkel zu verbiegen. Er schafft es nicht. Sie ist sehr steif.
Und nun die Antwort als Bild: Er stellt die Yacht auf den Boden und will sie umwerfen. Auch das gelingt ihm nicht. Die steife Yacht legt sich kaum schräg, krängt also wenig.

Frage: Was haben Sie zu veranlassen, wenn Sie eine Mayday-Meldung »Mensch über Bord« abgegeben haben, Sie den Überbordgefallenen aber allein gefunden und gerettet haben?
Antwort: Es ist die Mayday-Abgabe durch Meldung an alle zu widerrufen.

Stellen Sie sich wiederum die Frage als Bild vor: Eine Person geht über Bord. Sofort rennen Sie zum Funkgerät und geben die Mayday-Meldung ab. Sie telefonieren aber gleichzeitig auch mit dem Handy, senden zusätzlich eine SMS und schicken sogar noch per E-Mail eine Mayday-Meldung los. Dann suchen Sie selbst nach dem Überbordgefallenen und finden ihn tatsächlich. Schnell ziehen Sie ihn wieder ins Boot.

Und nun die Antwort als Bild: Sie funken wieder, telefonieren mit dem Handy, schicken eine SMS und eine E-Mail. Also widerrufen Sie Ihre Mayday-Meldung bei allen.

Frage: Welche Windänderung erwarten Sie, wenn der Luftdruck nach längerem tiefem Stand stark ansteigt?
Antwort: Starke Windzunahme mit deutlicher Richtungsänderung.

Stellen Sie sich die Frage als Bild vor: Sie sehen die ganze Luft (vielleicht ist sie ein wenig schmutzig, damit Sie sie besser sehen zu können) von oben herabdrücken und sehr tief stehen. Alle Menschen müssen gebückt darunter hergehen. Nun steigt die Luftschicht auf einmal stark an, geht also schnell und weit nach oben. Und nun die Antwort als Bild: Auf einmal braust der Wind mächtig auf. Ja, es stürmt geradezu. Zusätzlich ändert der Sturm seine Richtung und bläst auf einmal von der anderen Seite.

✳ Führerscheinprüfung PKW, Klasse B
Frage: In welchem Bereich vor oder hinter Kreuzungen und Einmündungen ist das Parken verboten?
Antwort: Auf einer Strecke von fünf Metern.

Die Frage als Bild: Ein Autofahrer will vor oder hinter einer Kreuzung parken. Er ist unsicher, weiß nicht genau, wo er parken soll und fährt langsam hin und her. Und die Antwort als Bild: Ein Polizist kommt mit einem Zollstock des Weges. Er winkt den Autofahrer heran und misst genau fünf Meter vor und hinter der Kreuzung ab. Der Polizist zeigt dem Autofahrer noch mal deutlich seine Hand mit den fünf abgespreizten Fingern für die besagten fünf Meter.

Frage: Nach längerer Fahrt mit etwa 120 km/h wollen Sie die Autobahn verlassen. Was haben Sie dabei zu beachten?
Antwort: Rechtzeitig blinken, Schulterblick, die Spur wechseln und auf dem Verzögerungsstreifen abbremsen. Tachoanzeige beachten, um die Geschwindigkeit nicht zu unterschätzen.

Die Frage als Bild: Ein Autofahrer auf der Autobahn. Tachonadel zeigt 120. Er guckt auf die Uhr und erschrickt, weil er feststellt, dass er schon so lange unterwegs ist. Suchend blickt er nach rechts vorne. Er möchte die Autobahn nun endlich verlassen.
Und die Antwort als Bild: Er setzt den Blinker, fährt rechts auf den Verzögerungsstreifen. Dann bremst er kräftig und starrt wie gebannt auf den Tacho.

Frage: Was gilt auf Autobahnen?
Antwort: Halten auf der Fahrbahn und auf dem Seitenstreifen sowie Rückwärtsfahren verboten.

Die Frage als Bild: Sie sehen eine lange Autobahn vor Ihrem geistigen Auge.
Und die Antwort als Bild: Ein Auto hält mitten auf der Fahrbahn. Schnell kommt ein Polizist herbei und winkt den PKW weiter. Dieser hält nun auf dem Seitenstreifen. Nun schnappt sich der Polizist den Wagen und schiebt ihn weg. Doch was macht der Fahrer? Er legt den Rückwärtsgang ein und fährt auf der Autobahn rückwärts. Da platzt dem Polizist der Kragen und er gibt dem Fahrer einen saftigen Strafzettel.

✳ Jägerprüfung
Frage: Was sind Blendlinge?
Antwort: Kreuzungen zwischen Haus- und Wildkatze.

Die Frage als Bild: Hell leuchtende Lebewesen; das Licht, das sie verbreiten, blendet (Blendlinge) so sehr, dass Sie nichts erkennen können.
Und die Antwort als Bild: Sie setzen eine Sonnenbrille auf und erkennen eine Wildkatze, die so gepflegt aussieht wie eine Hauskatze. Das kann doch nur eine Mischung sein.

Frage: Welche Zündungsarten gibt es bei Büchsenpatronen?
Antwort: Die Randfeuerzündung und die Zentralfeuerzündung.

Die Frage als Bild: Eine Büchse (z. B. eine Konservenbüchse) mit Patronen darin ist die Büchsenpatrone. Für Zündungsarten stellen wir uns eine Zündschnur vor, die aus der Büchse ragt und die man direkt mit dem Feuerzeug anzünden kann.

Und die Antwort als Bild: Die Zündschnur wird entfernt und wir zünden mit dem Feuerzeug einmal den Rand der Büchse an (sogenannte Randfeuerzündung); beim nächsten Mal halten wir das Feuerzeug zentral in der Mitte der Büchse (sogenannte Zentralfeuerzündung.

✳ Heilpraktikerprüfung
Frage: Nennen Sie die Ursachen für Asthma bronchiale (anfallsweise auftretende Atemnot).
Antwort: Verschiedene allergische, psychische, chemische Reize oder Infektionen sowie Stress.

Die Frage als Bild: Ein Mensch mit Atemnot und einem Ziffernblatt (als Bild für U(h)rsache) im Mund.
Und die Antwort als Bild: Die Person zieht das Ziffernblatt aus dem Mund. An einer Schnur hängen daran ein Heuschnupfenspray (mein Bild für Allergie), ein voller Kalender (Stress), eine Zwangsjacke (psychische Ursachen) und ein gelber Reinigungszettel (chemische Ursachen).

Frage: Nennen Sie mögliche Nebenwirkungen von Antidepressiva (stimmungs-aufhellende Medikamente).
Antwort: Müdigkeit, Mundtrockenheit, Schwindel, Schwitzen, Verstopfung.

Die Frage als Bild: Ein Mensch mit traurigem, weinenden Gesicht, der Pillen schluckt und anschließend wieder lächelt. Doch auf einmal passiert noch etwas.
Und die Antwort als Bild: Der Mensch beginnt zu gähnen, die Lippen kleben zusammen und er muss unbedingt trinken, er torkelt, seine Gesicht wird schweißnass, er setzt sich auf die Toilette und schneidet Grimassen, weil er nicht kann.

Frage: Was versteht man unter einem pathologischen Rausch?
Antwort: Eine alkoholbedingte symptomatische Psychose (Dämmerungszustand, Halbschlaf).

Die Frage als Bild: Ich sehe die pathologische Abteilung (also den Leichenraum) eines Krankenhauses. Alle Ärzte dort sind betrunken und haben einen Rausch.

Und die Antwort als Bild: Eine Person, die sich allmählich in den Halbschlaf trinkt. Dabei ist er sympathisch und isst Tomaten (symp-tomatisch).

✳ IHK-Prüfung zum Betriebswirt
Frage: Was versteht man unter einer Rückstellung?
Antwort: Kapital für die Abdeckung zukünftiger Verpflichtungen eines Unternehmens, deren Existenz, Höhe und/oder Zeitpunkt unsicher sind.

Die Frage als Bild: Ein Mensch, der sich an der Kassenschlange vorgedrängelt hatte, wird vom Türsteher hochgehoben und zurückgestellt.
Und die Antwort als Bild: Der Zurückgestellte will sich daraufhin bei der Bundeswehr verpflichten. Es ist aber unsicher, ob er genommen wird. Er hat kein Geld mehr, seine Existenz ist also unsicher, beim Messen seiner Größe (Höhe) ist man sich auch nicht sicher und seine Uhr geht nicht genau (Zeitpunkt unsicher).

Frage: Erklären Sie den Begriff Sekundärkosten und nennen Sie zwei Beispiele.
Antwort: Kosten für selbst erstellte Güter, die im Betrieb verwendet werden; sie können nicht mit Marktpreisen bewertet werden, da sonst Kosten doppelt erfasst würden. Beispiele: selbst erzeugter Strom, Reparaturen.

Die Frage als Bild: Für Kosten sehe ich einen Koch, der eine Brühe kostet. Sekundär bedeutet zweitens, also steht der besagte Koch auf dem Siegertreppchen auf dem zweiten Platz.
Und die Antwort als Bild: Der Koch stellt fest, dass die Brühe noch etwas köcheln muss. Indem er auf einem Fahrrad tüchtig strampelt, stellt er den Strom selbst her. Als der Herd kurzzeitig versagt, repariert er diesen selbst. Dabei kostet er natürlich ständig weiter.

Nun testen wir hier sofort, wie das schnelle Abrufen funktioniert – und zwar mit den oben abgespeicherten Prüfungsinformationen. Mit dem »Kreativitätsspiel Allgemeinwissen« im Kapitel 3 üben und vertiefen Sie das klassische Prüfungslernen noch eingehender.

Stellen Sie sich nun zu jeder Frage die Bilderszene vor, die wir gerade kreiert haben. Automatisch wird Ihnen dann die Antwort in Form der Bilderszene einfallen, die wir daran geknüpft hatten. Also frisch an's Werk.

TEST: *Lernen für Erwachsenenprüfungen*

Frage: Was versteht man unter einer steifen Yacht?

Antwort: _____

Frage: Was haben Sie zu veranlassen, wenn Sie eine Mayday-Meldung »Mensch über Bord« abgegeben haben, Sie den Überbordgefallenen aber allein gefunden und gerettet haben?

Antwort: _____

Frage: Welche Windänderung erwarten Sie, wenn der Luftdruck nach längerem tiefem Stand stark ansteigt?

Antwort: _____

Frage: In welchem Bereich vor oder hinter Kreuzungen und Einmündungen ist das Parken verboten?

Antwort: _____

Frage: Nach längerer Fahrt mit etwa 120 km/h wollen Sie die Autobahn verlassen. Was haben Sie dabei zu beachten?

Antwort: _____

Frage: Was gilt auf Autobahnen?

Antwort: _____

Frage: Was sind Blendlinge?

Antwort: _____

Frage: Welche Zündungsarten gibt es bei Büchsenpatronen?

Antwort: _____

Frage: Nennen Sie die Ursachen für Asthma bronchiale.

Antwort: _____

Frage: Nennen Sie mögliche Nebenwirkungen von Antidepressiva .

Antwort: _____

Frage: Was versteht man unter einem pathologischen Rausch?

Antwort: _____

Frage: Was versteht man unter einer Rückstellung?

Antwort: _____

Frage: Erklären Sie den Begriff Sekundärkosten und nennen Sie zwei Beispiele.

Antwort: _____

_____

Und um noch mehr Übung zu bekommen, sollten Sie, wie schon erwähnt, unbedingt zur Steigerung Ihrer Lerntechnik, Ihres Allgemeinwissens und Ihrer Kreativität das ultimative Kreativitätsspiel aus dem dritten Kapitel regelmäßig wiederholen – natürlich mit immer neuen Fragen und Antworten.

Diese Kreativitätsspiele sind in der Tat das beste Training. Dies kann wirklich nicht oft genug betont werden. Sie sollten sie bei allem, was Sie sich aneignen wollen, bei allem, was Sie lernen müssen, anwenden. Und vergessen Sie nicht Ihre Kleinen. Sollten Sie Kinder haben, spielen Sie mit ihnen unbedingt immer wieder einmal ein Kreativitätsspiel. Und achten Sie genauso darauf, dass Ihre Kinder, wie im dritten Kapitel schon beschrieben, die Technik dann für ihren Lernstoff benutzen. Sie werden es Ihnen danken. Machen Sie es sich zur Gewohnheit, immer mal ein Kreativitätsspiel zu machen. Da ich selbst sehr faul bin – zumindest was Lernen und Trainieren anbelangt – achte ich besonders auf eine direkte Praxisanwendung im alltäglichen Berufsablauf und in meiner Freizeit. Sollten Sie also berufliche Informationen behalten müssen, können Sie dies direkt nutzen, um Ihr Gedächtnis und Ihren Geist fit zu halten. Verknüpfen Sie, wie in der vorigen Übung gelernt, einfach Frage und Antwort auf möglichst skurrile Art und Weise und Sie schlagen zwei Fliegen mit einer Klappe. Wenn Sie in Ihrer Freizeit, beispielsweise für Ihr Hobby, irgendetwas lernen müssen, machen Sie es genauso. Hier können Sie dann direkt ein Spiel daraus machen und abends statt stumpf auswendig zu lernen oder vor dem Fernseher abzuhängen, unterhaltsam und lustig Ihre graue Zellen fordern und die für Ihr Hobby so wichtigen Punkte abspeichern. Besser geht es doch gar nicht mehr!

Special: Erste Hilfe bei Black-out

Nehmen wir einmal an (obwohl dies bei Anwendung der Geisselhart-Technik eher sehr unwahrscheinlich ist!), Sie haben tatsächlich mitten in Ihrer Prüfungssituation einen Black-out. Was sollten Sie dann tun?

Im Folgenden finden Sie ein paar sehr hilfreiche Tipps, mit denen Sie eine solche Situation in wenigen Minuten überwinden. Schauen wir uns zunächst genauer an, wie und warum ein Black-out überhaupt entsteht. Bei einem Black-out suchen Sie bewusst nach einer Information, welche Sie gelernt hatten. Sie finden diese aber nicht sofort und stellen sich, meist unbewusst, vor, wie Sie die Prüfung nicht bestehen und durchfallen. Professor Dr. Dr. Manfred Spitzer, ärztlicher Direktor und Neurowissenschaftler an der Universität Ulm, erklärt: »Ein Black-out ist die Folge einer unangemessen heftigen Angstreaktion in einer Stresssituation.«

Gut, diese Definition bringt Sie auf Anhieb nicht weiter. Bei näherem Hinsehen fallen besonders die Worte »unangemessen heftig« auf. Unangemessen bedeutet, dass Sie eigentlich nicht eine so große Angst haben müssten. Wir können uns also in einer solchen Lage verschiedener Mentaltechniken bedienen, um die übertrieben wahrgenommene Situation zu entschärfen.

Schon beim Lernen selbst ist es wichtig, in welcher Verfassung Sie sind. Es gibt Menschen, die mit Angst lernen – sie haben also schon während des eigentlichen Lernens Angst davor, bei der Prüfung zu versagen. Diese Angst überträgt sich auf jede Situation, in der das gelernte Wissen abgerufen wird – auch auf die Prüfung. Genauer gesagt: »Will man neutrales Wissen wie Französischvokabeln oder den Satz des Pythagoras, die man unter Angst gelernt hat, später in einer Prüfung abrufen, ruft man auch die Angst mit ab.« Dies steigert die Gefahr, einen Black-out zu erleben beträchtlich.

Hier spielt die Geisselhart-Technik wieder alle Trümpfe aus: Da die meisten Verknüpfungsbilder und -filmszenen lustig und absurd sind, kommen auch positive Gefühle auf, wodurch Angstgefühle deutlich weniger Chancen haben. Eine entspannte Lernatmosphäre und positive Emotionen fördern also wissenschaftlich erwiesen das Lernen und mindern oder verhindern sogar einen Black-out. Sollte

> **➡ WISSENSWERTES**
>
> *In Stresssituationen werden Ihr Körper und Ihr Gehirn mit den Stresshor-monen Adrenalin, Noradrenalin und Cortisol überflutet. Diese behindern sowohl den Speicher- als auch den Abrufvorgang. Daher sollten Sie weder versuchen, unter Stress zu lernen, noch sollten Sie in einer Prüfung unter Stress stehen.*
>
> *Wenn Sie dies nicht vermeiden können, müssen Sie über Techniken ver-fügen, mit denen Sie wieder zu einer entspannten Geisteshaltung zurück-finden können. Dazu erhalten Sie gleich einige sehr hilfreiche, praktische Tipps für die sofortige Anwendung.*

es trotz allem zum gefürchteten Black-out kommen, helfen Ihnen die folgenden Tipps, in wenigen Minuten wieder aus dem schwarzen Loch herauszukommen.

Praktische Tipps gegen den Black-out

1. Nehmen Sie den Druck raus!

Stellen Sie sich die Frage, was im schlimmsten Fall passieren kann: Sie schaf-fen die Prüfung nicht. Dann machen Sie sie noch mal – und bereiten sich noch besser vor. Wenn Sie sie nicht wiederholen können oder dürfen, gibt es mit Sicherheit Alternativen. Und selbst wenn nicht: Die Welt geht deshalb auch nicht unter.

Das soll nicht heißen, dass ich das Thema auf die leichte Schulter nehme – und Sie sollen das auch nicht tun. Es ist natürlich nicht egal, ob Sie bestehen oder durchfallen. Aber Sie brauchen eine Mentalstrategie, mit der Sie Ihr Gehirn von den Stresshormonen befreien, die während eines Black-outs vor-herrschen. Und dies beginnt, indem Sie Druck rausnehmen.

Sie spielen, wenn Sie so wollen, Ihrem Gehirn also vor, dass die Situation nicht gefährlich ist. Ihr Gehirn stellt die Hormonausschüttung ein und Sie können die Fragen Ihrer Prüfung wieder beantworten – und das ist ja das Ziel der Übung.

2. Gedankensteuerung

Diese Technik funktioniert ähnlich wie die vorhergehende. Sobald Sie an etwas Schönes denken, stellt Ihr Gehirn die Produktion von Stresshormonen ein.

Denken Sie also an den letzten Urlaub, an entspannte Stunden, an Ihr Hobby. Nehmen Sie sich dafür ruhig ein paar Minuten Zeit. Es sind am Ende mit Sicherheit nicht diese fünf Minuten, die Sie die Prüfung kosten.

3. Autosuggestion

Auch damit können Sie Ihre Gedanken sehr gut steuern. Sprechen Sie innerlich mit sich selbst. Sie können dies auch laut tun, wenn es Ihre Umgebung zulässt. Sprechen Sie sich Mut zu. Die drei wichtigsten Grundregeln für Autosuggestionen sind: Ihre Sätze sollten kurz und prägnant sein, sie sollten positiv formuliert werden und sich auf die Gegenwart beziehen. »Ich schaffe diese Prüfung. Ich halte durch. Ich weiß die richtigen Antworten. Die richtige Antwort fällt mir ein. Ich erinnere mich an das Gelernte, ...«

4. Visualisierung

Meiner Meinung nach ist dies die beste Technik, um seine Gedanken in die gewünschte Richtung zu lenken. Stellen Sie sich die gewünschte Situation so echt wie möglich vor! Damit haben Sie ja bereits viel Erfahrung. Visualisieren Sie also, dass Sie die Prüfung genauso meistern, wie Sie es sich wünschen.

5. Atemtechniken

Probieren Sie folgende, in der Praxis auch bei Anfängern sehr bewährten Techniken aus:

Bauchatmung:

Atmen Sie tief in den Bauch ein, halten Sie die Luft zwei Sekunden locker an und atmen Sie entspannt wieder aus. Nach zehn tiefen Atemzügen sollte sich die positive Wirkung einstellen.

Yoga-Atmung:

Atmen Sie so tief Sie können in den Bauch. Dann holen Sie noch tiefer Luft und füllen Ihren Brustkorb. Zum Schluss ziehen Sie die Schultern nach oben, um so viel Luft wie möglich in die Lungenspitzen aufzunehmen. Halten Sie die Luft für ungefähr vier bis sechs Sekunden an. Atmen Sie dann in umgekehrter Richtung langsam wieder aus. Wiederholen Sie die Übung zehnmal.

Buddha-Atmung:

Atmen Sie so tief und langsam, wie Sie können. Sie sollten nur etwa vier bis sechs Atemzüge pro Minute machen. Nach etwa zehn Atemzügen sind Sie merklich ruhiger.

6. Entspannung

Auch mit den folgenden bewährten Entspannungsübungen schaffen Sie es, sich in wenigen Minuten in einen positiven und ausgeglichenen Geisteszustand zu bringen.

Meereswogen:

Setzen Sie sich entspannt hin, schließen Sie Ihre Augen und konzentrieren Sie sich einfach nur auf Ihren Atem. Stellen Sie sich vor, Sie sitzen am Meeresstrand. Beim Einatmen fließt eine lange Welle an den Strand, beim Ausatmen fließt sie langsam zurück ins Meer.

Spaziergang:

Entspannen Sie sich und visualisieren Sie einen Spaziergang in Ihrer Lieblingslandschaft. Lassen Sie alle Eindrücke so real wie möglich vor Ihrem inneren Auge erscheinen. Sehen, hören, fühlen, riechen und schmecken Sie, was um Sie herum geschieht.

Lieblingsplatz:

Sie entspannen sich und kreieren Ihren persönlichen Lieblingsplatz. Stellen Sie sich all das vor, was Sie dort gerne antreffen möchten: Personen, Landschaft, Haus oder Wiese, Meer oder Berge, bestimmte Lieblingsgegenstände, Düfte, Musik und so weiter. Jedes Mal, wenn Sie an Ihren Lieblingsplatz kommen, können Sie ihn weiter ausgestalten – oder einfach nur genießen!

Damit es erst gar nicht zum gefürchteten Black-out kommt, nutzen Sie bitte schon bei der Vorbereitung, also schon beim Lernen, die zu Beginn dieses Kapitels beschriebenen Tipps!

KOPFTRAINING
für den BERUF

Gerade im Beruf haben Sie mit einem guten Gedächtnis klare Vorteile. Es gibt kaum einen Bereich, in dem Ihnen Ihr Gedächtnis hier nicht helfen kann – sei es in schwierigen Verhandlungen, für die Sie Ihre Argumente schon im Vorhinein abspeichern oder bei Präsentationen und Vorträgen, die Sie frei und dadurch sehr souverän und überzeugend halten können. Aber auch beim Namenmerken von wichtigen Geschäftspartnern oder so alltäglichen Dingen wie To-do-Listen, Passwörtern oder den Geburtstagen von Kollegen und Chefs leistet ein gutes Gedächtnis wertvolle Dienste.

Alles erledigt?

Wie viel einfacher ist es doch, wenn Sie sich die vier Erledigungen, welche Ihnen Ihr Chef auf dem Weg aus der Kantine noch aufgibt, tatsächlich merken können! Wie viel sicherer fühlen Sie sich, wenn Sie sich an die Besprechungsinhalte und an die Abmachungen von voriger Woche noch exakt erinnern können! Beim Rundgang durch Ihre Abteilung fallen Ihnen sieben Punkte auf, welche Sie geklärt, erledigt und bearbeitet wissen wollen. Zurück im Büro haben Sie alle sieben Punkte sicher abrufbereit im Gedächtnis und können sie nun in aller Ruhe in Ihr EDV-System einpflegen. Die lästige Zettelwirtschaft hat nun ein Ende. Ihre wichtigen Erledigungen merken Sie sich genau in der richtigen Reihenfolge, und sollten neue hinzukommen, speichern Sie diese genauso souverän einfach dazu. Neue Kunden, Mitarbeiter oder Geschäftspartner können Sie verlässlich mit Namen ansprechen und wissen noch genau, was beim letzten Treffen besprochen wurde. Wichtige Fachberichte, Zahlen, Daten und Fakten zu Ihrem Aufgabenbereich, Produktkennzahlen, schwierige Fachbegriffe, ja sogar neue Sprachen lernen Sie schnell und obendrein noch mit Spaß.

Damit Ihnen all dies in Ihrer täglichen Anwendung leicht von der Hand geht, machen wir hier gleich wieder einige praktische Übungen dazu. Dabei erkennen Sie, wie Sie die bereits erlernte Technik auf die oben beschriebenen beruflichen Anwendungen übertragen können.

Berufliche Erledigungsliste merken

Beginnen wir zunächst wieder langsam – mit einer typischen beruflichen Erledigungsliste. Stellen Sie sich vor, Sie müssten die folgenden Dinge erledigen. Sie können diese nun ganz einfach, schnell und sicher abspeichern. Sie brauchen keine To-do-Listen mehr zu schreiben und laufen so auch nicht Gefahr, Ihren Merkzettel zu verlieren, zu vergessen oder die eine oder andere Erledigung gar nicht mehr entziffern zu können. Üben Sie also, die folgende To-do-Liste mithilfe der Ihnen ja nun bestens bekannten Technik der Zahlensymbole, also Kerze, Schwan und Dreizack usw., abzuspeichern.

ÜBUNG: *Erledigungsliste merken*

Erledigungsliste
1. Neues Kopierpapier bestellen
2. Ablagesystem entrümpeln
3. Diktiergerät zur Reparatur bringen
4. Kontoauszüge holen
5. Sandwich für die Mittagspause kaufen
6. Für Kundenmeeting Tisch im Restaurant bestellen
7. Angebot für Kundenveranstaltung einholen
8. Powerpoint-Präsentation vorbereiten
9. Neues Briefpapier bestellen
10. Stellenanzeige per E-Mail an Zeitung senden

Nachdem Sie nun jede Erledigung mit dem entsprechenden Zahlensymbol verknüpft haben, schauen wir uns an, wie gut das funktioniert hat. Sind Sie bereit? Dann los. Tragen Sie bitte in die freien Felder unten die dazugehörenden Erledigungen ein.

1. _____
2. _____
3. _____
4. _____
5. _____
6. _____
7. _____
8. _____
9. _____
10. _____

> **➡ TIPP**
>
> *Achten Sie immer wieder darauf, die erstellten Verknüpfungen auch tatsächlich vor Ihrem geistigen Auge zu sehen. Beziehen Sie alle Sinnesorgane in Ihre Geschichte ein. Ist die Filmszene auch verrückt genug? Sagt Ihr Gehirn: »Was ist das denn für ein Quatsch?« oder müssen Sie dabei vielleicht sogar schmunzeln? Wenn Sie das schaffen, bleiben mit Sicherheit sogar alle zehn Erledigungen in Ihrem Gedächtnis haften. Testen Sie es.*

Und? Wie viele haben Sie noch gewusst? Vielleicht wussten Sie ja auf Anhieb noch acht Punkte. Das wäre natürlich klasse. Vielleicht waren es aber auch nur fünf? Ist auch schon sehr gut. In beiden Fällen könnte Sie ja noch mal die Liste oben durchgehen und die fehlenden Punkte nachträglich verknüpfen.

Aber vielleicht, ja vielleicht wussten Sie sogar sofort, also auf Anhieb, alle zehn Punkte? Dann hätten Sie die Technik bereits bestens auf berufliche Gegebenheiten angewendet. In diesem Fall können Sie besonders stolz auf sich sein. Wie auch immer es lief, die nächste Übung, das nächste Kreativitätsspiel wird Sie noch einmal weiter bringen. Denn das Einzige, was Ihnen bei der Geisselhart-Technik Grenzen setzt, ist Ihre Kreativität. Selbst die besten Gedächtniskünstler der Welt werden einzig und allein durch die Fantasie begrenzt. Auch Gedächtnisweltmeister brauchen dieselbe Kreativität wie Sie. Im Normalfall haben sie natürlich ein immenses Talent für genau diese Anwendung und sind bestens trainiert. Aber ein Gedächtnissportler, der in nur 30 Minuten eine über 1000-stellige Zahlenreihe (in Worten: eintausend!) abspeichern kann, wäre in der Lage, noch mehr zu schaffen, wenn er kreativer wäre, bzw. seine Kreativität schneller aktivieren könnte. Natürlich spielt auch die knappe Zeit eine gewisse Rolle, allerdings keine nennenswerte. Unser Gehirn wäre in der Lage, weit mehr als 1000 Zahlen in 30 Minuten zu behalten. Wir müssten nur die entsprechenden Bilder schnell genug parat haben. Und das ist eine Frage der Kreativität.

Eine andere, schier unglaubliche Zahl verdeutlicht, zu welchen Höchstleistungen ein trainiertes Gehirn in der Lage ist: Kasia Sobolewska schaffte im Jahr 2002 den Sprung ins Guinness-Buch der Rekorde. Sie ist Meisterin im Schnelllesen. Ihr Rekord liegt bei 35.483 Wörter in der Minute bei 95,2 Prozent Verständnis. Zum Vergleich: Der Durchschnittsmensch liest ca. 200 Wörter pro Minute. Unser Hirn hat eben ungeheuerliche Kapazitäten, wenn es richtig genutzt wird.

Falls Sie sich fragen sollten, wie ich mir die zehn Erledigungen gemerkt habe, hier wieder meine Verknüpfungsideen:

Beispiele

1. Neues Kopierpapier bestellen

   Stellen Sie sich vor Ihrem geistigen Auge deutlich vor, wie Sie mit der Kerze das neue Kopierpapier ankokeln. Lassen Sie das Wachs auch über das Kopierpapier tropfen.

2. Ablagesystem entrümpeln

   Da dies so viel Arbeit ist, holen Sie sich einen Schwan zu Hilfe. Gemeinsam mit dem Schwan misten Sie nun Ihre Ablage aus. Der Schwan ist geschickt und sehr schnell. Er pickt alles, was nicht benötigt wird, mit seinem Schnabel auf und befördert die Blätter dann mit seinen Flügeln in den Papiermüll. Filmszene im Geiste deutlich vor sich sehen!

3. Diktiergerät zur Reparatur bringen

   Mal angenommen, das Diktiergerät wäre so schwer, dass Sie es kaum tragen können. Sie spießen es also mit dem Dreizack auf und schultern diesen dann. So über der Schulter können Sie es gerade noch schaffen. Und genau so machen Sie sich in Gedanken auf den Weg zum Fachgeschäft, um das Diktiergerät reparieren zu lassen. Kopfkino einschalten!

4. Kontoauszüge holen

   Ihre Bank hat neue Kontoauszüge. Die haben jetzt alle die Form eines vierblättrigen Kleeblatts. Auch schimmern sie in kräftigem Grün. Sogar im Eingangsbereich der Bank wachsen vierblättrige Kleeblätter auf dem Boden. Und wieder im Geiste sehen!

5. Sandwich für die Mittagspause kaufen

   Der absolute Renner im Moment sind Hand-Sandwiches. Nein, die sind nicht mit einer abgehackten Hand belegt, aber das Brot hat die Form einer Hand. Der Clou dabei ist, dass jeder Finger mit einem anderen Belag gewählt werden kann. So ergibt sich eine sehr abwechslungsreiche Mahlzeit. Bitte deutlich vorstellen!

6. Für Kundenmeeting Tisch im Restaurant bestellen
Sie wollen natürlich unbedingt im »Blue Elephant« essen – dem angesagtesten Laden der Stadt. Und nur dort kann das Kundenmeeting stattfinden. Sie reiten also standesgemäß auf dem Firmenelefanten hin und bestellen den besten Tisch. Das ist natürlich der »Elefantentisch«. Er heißt so, weil das Tischbein und die Stühle Elefantenfiguren sind.

7. Angebot für Kundenveranstaltung einholen
Sehen Sie in Ihrem Mentalkino, wie Ihnen die Event-Agentur das Angebot ganz originell auf einer großen Fahne liefert. Alle Veranstaltungsdetails sind hier aufgeführt. So soll zum Beispiel jeder Kunde auch eine Fahne als Einladungs- und gleichzeitig Eintrittskarte bekommen. Auf der anderen Seite steht der Preis für die Veranstaltung.

8. Powerpoint-Präsentation vorbereiten
Sie wollen Ihre neue Powerpoint-Präsentation natürlich besonders gut machen. Als Beamer haben Sie hierfür eine Sanduhr umgebaut. Dies funktioniert sehr gut und wirkt extrem kreativ. Sehen Sie auch alles im Geiste vor sich?

9. Neues Briefpapier bestellen
Das alte Papier wurde von einer Schlange aufgefressen. Denken Sie deshalb auch unbedingt daran, dass Sie das neue Briefpapier, nachdem es geliefert wurde, in einem anderen Schrank lagern – wo es keine Schlangen gibt.

10. Stellenanzeige per E-Mail an Zeitung senden
Hierzu stellen Sie sich vor, wie Sie die Stellenanzeige tippen, indem Sie mit dem Golfschläger den Golfball auf die Tasten schießen. Natürlich erwähnen Sie dies in Ihrer Stellenanzeige. Das sollte nämlich die/der Bewerber/in unbedingt auch können.

Selbst wenn Sie vorher alle Erledigungen gewusst haben, ist es immer wieder von Vorteil, meine Vorschläge und Ideen zu studieren. Dadurch regen Sie Ihre eigene Fantasie zusätzlich an. Auch wenn Sie nicht vorhaben, Gedächtnisweltmeister zu werden (obwohl, wer weiß?), können Sie nie genug Kreativität besitzen.

Wer seine Kunden kennt, ist immer einen Schritt voraus

Im normalen Leben muss sicherlich niemand eine Zahl mit über 1000 Stellen auswendig wissen. Aber die Namen von zehn Kunden, welche Ihnen in kurzer Zeit vorgestellt werden, sollten Sie behalten können. Und wenn Sie sich dann auch noch an weitere Informationen zu diesen Personen und an Details Ihres letzten Gesprächs erinnern können, haben Sie nicht nur einen Sympathievorsprung, sondern werden mit Sicherheit auch als besonders kompetent und professionell wahrgenommen – ein riesiger Vorteil in punkto Kundenbindung.

Und damit Sie dabei noch schneller, sicher und souveräner werden, machen wir an dieser Stelle zur Förderung Ihrer Fantasie und Gedächtnisleistung noch einmal ein Kreativitätsspiel:

Kreativitätsspiel: Verknüpfung von Namen und Hobbys

Das folgende Verknüpfungsspiel funktioniert genauso, wie die Spiele aus den vorangegangenen Kapiteln. Da die Namen nicht von vornherein schon Bilder sind, müssen wir allerdings einen zusätzlichen Schritt gehen: Wir müssen als Erstes die Namen verbildern. Dann erst können wir dieses Bild mit dem Bild des Hobbys verknüpfen. Aber das kennen Sie ja bereits aus Kapitel 2 und haben es dort schon sehr erfolgreich gemacht.

Also frisch ans Werk – und keine Hemmungen. Sie wissen ja: Je wagemutiger und verrückter Ihre Ideen sind, desto besser bleiben Ihnen die Informationen im Gedächtnis.

> **➡ TIPP**
>
> *Sie brauchen sich nicht unbedingt zusätzlich ein eigenes Bild für Männer und Frauen zu machen. Eines von beiden reicht. Wenn zum Beispiel ein Schnauzbart in einem Bild eingebaut ist, bedeutet das: Es handelt sich um einen Mann. Sobald kein Schnauzer in einem Bild auftaucht, ist es eine Frau.*

ÜBUNG: *Kreativitätsspiel Namen und Hobbys*

✱ Frau Reinelt – liebt Mallorca

Bild des Namens: _____

Verknüpfung: _____

✱ Frau Schnitzlein – Esoterik

Bild des Namens: _____

Verknüpfung: _____

✱ Herr Pamp – Architektur

Bild des Namens: _____

Verknüpfung: _____

✱ Frau Schönfels – Schwimmen

Bild des Namens: _____

Verknüpfung: _____

✱ Herr De Reese – Golfspielen

Bild des Namens: _____

Verknüpfung: _____

✱ Herr Röthig – Klettern

Bild des Namens: _____

Verknüpfung: _____

✱ Frau Zutyr – Klassische Musik

Bild des Namens: _____

Verknüpfung: _____

✱ Frau Blazques – Tanzen

Bild des Namens: _____

Verknüpfung: _____

* Herr Goretzki – Radfahren

Bild des Namens: _____

Verknüpfung: _____

* Herr Rauch – Rotwein

Bild des Namens: _____

Verknüpfung: _____

Nun testen Sie bitte, ob Sie vom Hobby der entsprechenden Person auf dessen Namen kommen. Dies ist schwieriger, als vom Namen auf das Hobby zu kommen. Die Hobbys sind Ihnen ja hinlänglich bekannt. Aber viele der Namen lesen Sie zum ersten Mal. Und außerdem: Die Bilder der Namen sind vielleicht nicht immer ganz eindeutig. Müssen sie ja auch gar nicht sein. Es reicht in der Praxis, wenn das Bild Ähnlichkeit mit dem Namen aufweist. Unser »Ähnlichkeitsgedächtnis« erledigt dann den Rest, und in den allermeisten Fällen kommen wir dadurch auf den richtigen Namen. Für Sie wird die Übung dadurch aber anspruchsvoller. Und Sie sind ja mittlerweile schon sehr gut. Also werden Sie das auch schaffen. Los geht's.

* Liebt Mallorca – _____

* Esoterik – _____

* Architektur – _____

* Schwimmen – _____

* Golfspielen – _____

* Klettern – _____

* Klassische Musik – _____

* Tanzen – _____

* Radfahren – _____

* Rotwein – _____

➡ *WISSENSWERTES*

Mit Ihrem Wissen über Ihren Gesprächspartner haben Sie einen perfekten Einstieg ins Gespräch und können mit ihm eine gute Beziehung, Sympathie und Vertrauen aufbauen – und dies ist heutzutage die Voraussetzung für gute Geschäftsbeziehungen.

Na, wie hat's geklappt? Dies war eine sehr anspruchsvolle Übung, nicht wahr? Wie viele richtige Punkte hatten Sie? Sollten Sie sechs und mehr gewusst haben, können Sie sich auf die Schulter klopfen. Ab sechs gibt es die Note zwei. Ab neun erhalten Sie die Note eins. Das ist schon wirklich sehr gut.

Damit Sie auch einmal die praktische Anwendung testen können, machen wir das Ganze nun noch mal anders herum. Am Telefon ist es ja so, dass die betreffende Person ihren Namen nennt und Sie dann wissen sollten, was letztes Mal besprochen wurde, für welches Produkt sich diese Kundin interessiert, welche Frage beim letzten Gespräch unbeantwortet blieb oder aber welches Hobby die Person hat.

Also auf zum Test. Als zusätzliche Hürde habe ich diesmal die Reihenfolge vertauscht. Sie wissen ja auch nicht, in welcher Reihenfolge die Kunden und Interessenten und Geschäftspartner oder -kollegen anrufen werden.

* Frau Blazques – _____

* Herr Röthig – _____

* Herr Goretzki – _____

* Frau Schnitzlein – _____

* Frau Schönfels – _____

* Herr Rauch – _____

* Herr De Reese – _____

* Frau Reinelt – _____

* Frau Zutyr – _____

* Herr Pamp – _____

Hat geklappt, oder? Damit wären Sie also gewappnet für den telefonischen Berufsalltag. Bitte bedenken Sie immer: Auch wenn Sie nicht alle Namen und Infos gewusst haben, so wussten Sie mit Sicherheit mehr also ohne die Geissel-hart-Technik. Schauen Sie bitte immer auf Ihren Erfolg und das, was geklappt hat. Das gibt Ihnen Motivation zum Weitermachen. Wenn Sie sich normalerweise ohne eine Gedächtnis-Technik, also so wie bisher, drei bis vier von zehn Namen und Fakten zu Personen merken konnten, bei dieser Übung aber schon sechs bis acht wussten, haben Sie sich um 100 Prozent gesteigert. Das ist riesig. Freuen Sie sich bitte unbedingt über solch tolle Fortschritte. Lassen Sie sich von niemandem (und erst recht nicht von sich selbst) einreden, Sie wären erst dann wirklich gut, wenn Sie alles wissen. Das ist Unsinn. Perfektion weckt Aggression. Setzen Sie sich also nicht unter Druck. Sie wissen doch: wegen der Stresshormone und der damit verbundenen Minderleistung (siehe Kapitel 4, Special: Erste Hilfe bei Black-out)!

Um Ihre Kreativität noch ein wenig anzuregen und noch einige alternative Ver-bilderungsmöglichkeiten für Namen kennenzulernen, hier wieder meine Vor-schläge.

Beispiele

✳ Frau Reinelt – liebt Mallorca
Bild des Namens: Klingt wie rein (rein-gehen oder rein wie sauber) oder der Fluss Rhein und hält oder Held.
Verknüpfung: Sie ist die, die ganz Mallorca rein hält. Also quasi die Reine-machefrau vom Ballermann.

✳ Frau Schnitzlein – Esoterik
Bild des Namens: kleines Schnitzel
Verknüpfung: Ein kleines Schnitzel, schön garniert mit Räucherstäbchen, Halbedelsteinen und Tarotkarten.

✳ Herr Pamp – Architektur
Bild des Namens: entweder Pampers oder pampig oder Pampe
Verknüpfung: Er hat Pampers an, während er große Architekturbücher liest, denn er hat keine Lust, seine Lektüre wegen einem Gang zur Toilette zu unter-brechen.

✱ Frau Schönfels – Schwimmen
Bild des Namens: schön und Fels
Verknüpfung: Die Schöne räkelt sich erst auf dem Felsen und schwimmt
dann von dort los.

✱ Herr De Reese – Golfspielen
Bild des Namens: Klingt wie »der Riese«.
Verknüpfung: Er ist der größte Mensch auf dem Golfplatz. Leider sind für den
Riesen allerdings auch alle Golfschläger zu klein.

✱ Herr Röthig – Klettern
Bild des Namens: Er hat eine Röteln-Tick. Ständig hat er Angst vor Röteln.
Verknüpfung: Sein Röteln-Tick treibt ihn auf die höchsten Berge, dort soll es
noch keine Röteln geben.

✱ Frau Zutyr – Klassische Musik
Bild des Namens: Dabei muss ich sofort an eine geschlossene Tür denken: zu Tür.
Verknüpfung: Damit sie die klassische Musik richtig genießen kann, macht sie
zu die Tür.

✱ Frau Blazques – Tanzen
Bild des Namens: Die erste Silbe klingt wie blasen und die zweite wie Käs – also
Käse ohne e.
Verknüpfung: Beim Tanzen hält sie stets einen speziellen Käse zwischen den
Zähnen, durch den sie blasen kann – den sogenannten Blaskäs.

✱ Herr Goretzki – Radfahren
Bild des Namens: Goretex, das Hightech-Textilgewebe und Ski
Verknüpfung: Er zieht zum Radfahren immer eine Goretex-Skijacke an.

✱ Herr Rauch – Rotwein
Bild des Namens: ganz einfach Rauch
Verknüpfung: Er trinkt gern Rotwein. Am besten schmeckt er ihm, wenn er mit-
ten im Rauch sitzt.

Souverän präsentieren – frei reden

Bei Präsentationen und Vorträgen ist ein gutes Gedächtnis von besonderer Bedeutung, denn je freier Sie reden, desto souveräner und überzeugender wirken Sie.

Stellen Sie sich also beispielsweise vor, Sie müssten folgende Rede für die Außendienst-Verkäufer Ihrer Firma halten. Benutzen Sie dabei wieder die Zahlensymbole.

 ## ÜBUNG: *Frei reden*

1. Ein Verkäufer ist immer im Dienst. Das heißt für den Verkäufer, immer die Augen offen zu halten, denn überall finden sich potenzielle Kunden.

2. Jeder Kunde kauft zuerst den Verkäufer. Also: Sympathie aufbauen und das Vertrauen des Kunden gewinnen.

3. Unbedingt nach den Wünschen des Kunden fragen. Nur so kann dieser bedarfsgerecht bedient werden.

4. Der Name ist des Kunden liebstes Wort. Deshalb sollten Außendienstler jeden Kunden mit seinem Namen ansprechen können.

5. Gute Verkäufer sollten unbedingt jeden Kunden proaktiv nach dem Abschluss fragen und den Kunden zur Unterschrift ermutigen.

6. Nach dem Kauf ist vor dem Kauf. Deshalb gilt es, die einzelnen Kunden auch nach dem Geschäft gut zu betreuen.

Wenn Sie jede Szene erfolgreich verbildert und mit dem entsprechenden Zahlensymbol verknüpft haben, dürfte Ihrer perfekten Rede nichts mehr im Weg stehen. Doch vor der Uraufführung kommt die Generalprobe. Sie müssen die Sätze natürlich nicht Wort für Wort wiedergeben. Die Kernaussage muss allerdings deutlich werden.
In der Realität bereiten Sie Ihren Vortrag ja selbst vor. Dann reicht in der Regel das richtige Stichwort aus, um sich an den Rest dieses Vortragspunkts zu erinnern.

1. _____

2. _____

3. _____

4. _____

5. _____

6. _____

Na, wie war's? Vorträge haben es ganz schön in sich, richtig? Aber vielleicht wussten Sie ja trotzdem schon vier oder mehr Ihrer Punkte auf Anhieb. Das wäre wirklich schon gut.

Im richtigen Leben haben Sie ja meist keinen Zeitdruck, denn in den meisten Fällen wissen Sie früh genug Bescheid und können sich in Ruhe auf Ihren Vortrag vorbereiten. Sollten Ihnen also einige Punkte fehlen, gehen Sie diese einfach noch einmal durch. Achten Sie dabei auf »merk-würdige« und möglichst absurde Bilder. Und vor allem: Betrachten Sie diese in Ihrem Kopfkino so real wie möglich. Das kann ich gar nicht oft genug wiederholen.

Auch diesmal sollen meine Verknüpfungen Sie anregen:

Beispiele

1. Stellen Sie sich vor, wie alle Mitglieder Ihrer Verkaufsmannschaft mit Kerzen sogar mitten in der Nacht losziehen, um potenzielle Kunden zu finden.

2. Die Verkäufer kommen auf Schwänen zu ihren Kunden geschwommen. Das macht sympathisch und schafft Vertrauen. Sehen Sie im Geiste die Verkäufer auf Ihrem Lieblingsgewässer.

3. Mit dem Dreizack alle Wünsche (Produkte) aufspießen und dem Kunden dann die optimale Lösung auf dem Dreizack aufgespießt übergeben. Schalten Sie auch nun wieder das Kopfkino an.

4. In Gedanken erhalten alle Kunden einen Anstecker in Kleeblattform mit ihrem Namen darauf. Zusätzlich wird jeder Kunde vom Verkäufer laut und deutlich mit Namen begrüßt und der Verkäufer überreicht ihm als Willkommensgruß ein vierblättriges Kleeblatt.

5. Um den Verkauf zu besiegeln, streckt der Verkäufer dem Kunden seine Hand proaktiv entgegen und fragt ihn, ob er das Geschäft abschließen will. Zusätzlich überreicht der Außendienstler dem Kunden mit seiner Hand einen Stift zum Unterschreiben. Sie ahnen es bereits: bitte stellen Sie sich das auch wieder bildlich vor.

6. Alle Kunden erhalten einen Freiritt auf Ihrem Firmenelefanten. In regelmäßigen Abständen kommt der zuständige Verkäufer auf seinem Elefanten beim Kunden vorbei und betreut ihn bestens.

Sollten Sie sich diese Szenen deutlich vor Ihrem geistigen Auge angeschaut haben, müssten alle Kurzfilme noch vorhanden sein. Als Redner können Sie in Ihren eigenen Worten beschreiben, was Sie vor Ihrem geistigen Auge sehen. Das wirkt bei Weitem lebendiger, motivierender und souveräner als eine abgelesene Rede.

Gelesenes leichter behalten

Auch Gelesenes kann man am besten behalten, wenn man den Text als Film sieht. Dies ist bei Belletristik, also bei Romanen, Krimis, Erzählungen usw. relativ einfach. Oft machen Sie es automatisch und können deshalb den Inhalt eines Buches fast lückenlos wiedergeben. Bei fachlichen Berichten sieht das etwas anders aus. Hier drängen sich die Bilder und Szenen nicht unbedingt auf, hier müssen wir sie bewusst gestalten. Aber das haben wir ja bis hierhin schon oft gemacht. Deshalb dürfte Ihnen die nächste Übung auch leicht von der Hand gehen.

Die Stellen, welche Sie sich einprägen sollten um den Bericht stichwortartig wiedergeben zu können, habe ich für Sie bereits markiert und nummeriert. Verknüpfen Sie also hier einfach wieder die Zahlensymbole mit dem verbilderten Textteil, so wie Sie das bereits kennen. Dann stellen Sie sich diese Verknüpfung im Geiste noch einmal ganz deutlich vor – und damit sollten Sie das Wesentliche abgespeichert haben.

Los geht es – speichern Sie den folgenden Fachtext.

Wichtig hierbei ist, dass Sie den Text komplett und sicher verstehen. Was Sie nicht begreifen, können Sie sich nicht vorstellen. Das Wort »begreifen« sagt dies eigentlich schon aus: Etwas, was ich begreifen, also anfassen kann, ist etwas, was da sein muss, was ich sehen kann. Die deutsche Sprache bringt dies übrigens auch mit der Formulierung »im Bilde sein« zum Ausdruck. Machen Sie es sich deshalb zur Aufgabe, Ihnen nicht geläufige Fachbegriffe und/oder Fremdwörter sofort nachzuschlagen, um deren Bedeutung zu kennen. Nur so können Sie sich Gelesenes wirklich vor Ihrem geistigen Auge vorstellen und mit den Zahlensymbolen oder der Kettenmethode verknüpfen.

> **➡ TIPP**
>
> *Natürlich könnten Sie auch versuchen, sich einen Fachtext wie einen Roman als Film im Kopf vorzustellen. Hierbei ist allerdings die Gefahr ziemlich groß, dass bestimmte Textteile nicht gut genug verbildert werden, um wirklich haften zu bleiben. Wenn Ihnen dann ein Stück aus dem Film fehlt, werden Sie nicht wissen, wie umfangreich oder wichtig dieser Teil ist. Bei den Zahlensymbolen kann zwar auch mal etwas fehlen, aber Sie wissen dann zumindest genau, welche Punkte dies sind. Also lautet mein Tipp ganz klar: Benutzen Sie immer die Zahlensymbole!*

ÜBUNG: *So arbeitet unser Gehirn*

Das (1) menschliche Gehirn besteht aus zwei Hälften. Diese sind durch den so genannten (2) Balken miteinander verbunden. Durch den Balken kommunizieren beide Großhirnhemisphären miteinander. Der Balken ist bei Frauen dicker ausgebildet als bei Männern. (3) Bei Frauen funktioniert im Allgemeinen deshalb der Datenaustausch zwischen linker und rechter Gehirnhälfte auch besser und schneller als bei Männern.

Linke Seite: Verstand		**Rechte Seite:** Kreativität
Logisches Denken		Fantasie
Sprache		Bilder
Bewusstsein		Unterbewusstsein
Detailblick		Ganzheitsschau
Arbeitet Schritt für Schritt		Arbeitet simultan
Wird überfordert		Wird vernachlässigt

© TEAMGEISSELHART GmbH

Das einfachste bekannte (4) Modell der Arbeitsverteilung des Gehirns ist heute zwar überholt, kann aber dennoch als modellhafte Beschreibung herangezogen werden. Diese Annahmen gehen zurück in die 1950er-Jahre. Dort wurde (5) bei Forschungen an Epileptikern der Balken durchtrennt. Dieser Eingriff war als Therapie sehr erfolgreich. Dabei wurde erkannt, dass das linke Gesichtsfeld in der rechten Großhirnrinde abgebildet ist und umgekehrt. (6) Auch werden unsere Hände über Kreuz gesteuert. Die linke Hirnhälfte steuert also die rechte Hand und die linke Hand wird von der rechten Hemisphäre gelenkt. Es wurde damals entdeckt, dass die linke Hirnhälfte spezielle Fähigkeiten und Fertigkeiten besitzt und in der rechten andere, spezielle Fähigkeiten beheimatet sind. So soll beispielsweise (7) die linke Seite hauptsächlich für das logische Denken, für Sprache und Details zuständig sein. Im Gegensatz dazu kümmert sich (8) die rechte Gehirnhälfte um Fantasie, Bilder und den Blick auf das Ganze.

Schreiben Sie nun die im Geiste abgespeicherten Szenen wieder auf. Dabei kommt es nicht auf die wortwörtliche Wiedergabe an, sondern auf den Sinn.

_____

_____

_____

_____

_____

(entnommen aus: Geisselhart, Oliver: »Kopf oder Zettel?«, Gabal-Verlag)

Ich hoffe, es hat zu Ihrer Zufriedenheit geklappt. Sollte es mit dem einen oder anderen Punkt doch noch Schwierigkeiten gegeben haben, können Sie sich wie gewohnt an meinen Beispielen orientieren.

Beispiele

1. Das menschliche Gehirn besteht aus zwei Hälften.
   Stellen Sie sich bitte vor, wie Sie in ein Gehirn hineinschauen. Sie leuchten mit der Kerze hinein, um die Details besser erkennen zu können. Im hellen Kerzenschein sehen Sie ganz deutlich zwei Gehirnhälften – eine auf der linken und eine auf der rechten Seite.

2. Durch Balken miteinander verbunden.
   Sehen Sie die eben beschriebenen zwei Gehirnhälften vor Ihrem geistigen Auge. Nun stellen Sie sich vor, wie ein Schwan dazu kommt und einen Balken (der aus mehreren Fasern oder einfach nur aus Holz besteht) zwischen die beiden Hälften montiert, sodass diese nun durch diesen Balken miteinander verbunden sind.

3. Bei Frauen funktioniert im Allgemeinen der Datenaustausch zwischen linker und rechter Gehirnhälfte besser und schneller als bei Männern.
   Schauen Sie in Gedanken in das Gehirn einer Frau. Sehen Sie dabei deutlich die Frau. Nun schaufelt diese Dame mit einem Dreizack jede Menge Bücher, Blätter, CDs usw. in Windeseile von links nach rechts und wieder zurück von der linken Hälfte in die rechte. Daneben steht ein Mann. Der schaufelt zwar auch, aber wesentlich langsamer, ja geradezu lustlos.

4. Modell der Arbeitsverteilung des Gehirns geht zurück in die 1950er-Jahre.
   In Ihren Gedanken sehen Sie ein Gehirn, am besten so, wie man es in einem Comic darstellen würde. Dieses hat links und rechts einen Arm mit einem Kleeblatt statt einer Hand. Nun macht die eine Gehirnhälfte etwas komplett anderes als die andere. Die linke tippt zum Beispiel Zahlen in einen Taschenrechner und die rechte Seite bzw. das rechte Kleeblatt malt ein schönes buntes Bild. Ach ja, übrigens: Das Gehirn hat einen Petticoat an. Sie wissen schon, den Rock aus den Fünfzigern. Auch der Petticoat ist mit schönen grünen Kleeblättern bedruckt.

5. Bei Forschungen an Epileptikern der Balken durchtrennt.
   Hierfür stellen Sie sich einen Menschen vor, der gerade einen epileptischen Anfall hat. Er zuckt und zappelt und hat sich nicht unter Kontrolle. Da kommt ein Arzt herbei und haut mit seiner Hand in bester Karate-Manier mit einem gekonnten Handkantenschlag den Balken durch. Danach geht es dem Epileptiker wieder gut. Er ist ruhig und entspannt.

6. Auch werden unsere Hände über Kreuz gesteuert.
   Je einfacher, ja fast schon: je flacher Sie denken können, desto besser klappt es oft mit dem Gedächtnis. Stellen Sie sich nun einmal vor, wie Sie einen Elefanten über ein Kreuz steuern. Sie haben dafür ein großes Holzkreuz. Mit diesem tippen Sie den Elefanten einmal hinten an, dann geht er vorne hoch. Oder Sie tippen ihm auf die rechte Seite und er läuft nach links. Bei dieser Vorstellung steuern Sie den Elefanten also über Kreuz. Zusätzlich bewegt sich der Elefant noch seitenverkehrt, also auch wieder über Kreuz.

7. Die linke Seite hauptsächlich für das logische Denken, für Sprache und Details.
   Wir haben es bei Punkt 4 schon im Ansatz gemacht. Die linke Gehirnhälfte hatte dort gerechnet, also Logik. Stellen Sie sich nun zusätzlich vor, wie Fahnen sortiert werden sollen. Diese müssen in eine logische Reihenfolge gebracht werden. Sofort meldet sich die linke Hirnhälfte und sortiert wie ein Weltmeister. Dabei redet sie laut und beschreibt alle Details der einzelnen Fahnen.

8. Die rechte Gehirnhälfte um Fantasie, Bilder und den Blick auf das Ganze.
   Auch das wissen wir schon ansatzweise von Punkt 4. Dort hatte die rechte Seite ein schönes Bild gemalt. Nun sehen Sie hier wieder so deutlich wie möglich vor sich, wie die rechte Hälfte bei Daniel Düsentrieb in der Werkstatt sitzt und ihm mit ihrer großen Fantasie bei seinen kreativen Erfindungen hilft. Gleichzeitig zeigt sie ihm schöne Bilder und Fotos und stellt diese zu einem riesengroßen ganzen Bild zusammen.

Mit diesen Bildern haben Sie nun die wesentlichen Informationen aus obigem Fachtext sicher abgespeichert. Sie sehen also: Es ist leichter, als man denkt. Nutzen Sie dafür unbedingt das ganz banale Verbildern. Gerade bei fachlich anspruchsvollen Texten sollten Sie Bilder wählen, die möglichst einfach sind. So wird aus »über Kreuz gesteuert« eben wörtlich »mit einem bzw. durch ein Kreuz steuern«. Aus dem Begriff »Marktführer« würden wir einen »Marktführer« machen, also jemanden, der uns über den Markt führt.

Fit für Besprechungen: Argumente behalten und Einwände entkräften

Diese Anwendung ist in der täglichen Praxis extrem hilfreich und deshalb auch für die meisten Berufstätigen von großer Bedeutung. Wahrscheinlich kennen Sie Situationen, in welchen Ihnen die besten Argumente genau in dem Moment nicht einfallen wollen, in dem Sie sie dringend benötigen. Um Ihr Gegenüber von Ihrem Standpunkt zu überzeugen, sollten Sie aber genau jetzt Ihre schlagkräftigsten Argumente anbringen. Solange es sich um Verhandlungen und Diskussionen handelt, auf die Sie sich nicht vorbereiten konnten, mag dies nicht so tragisch sein. Ärgerlich ist es jedoch, wenn Sie an sich gut vorbereitet sind, Ihnen die vorher so gut überlegte Formulierung aber im entscheidenden Moment nicht einfällt. Mit der Ihnen nun schon bestens bekannten Technik gehören solche Situationen ab heute der Vergangenheit an – wenn Sie dies wünschen, woran ich nicht zweifle.

Um Argumente speichern und zu jedem beliebigen Zeitpunkt abrufen zu können, gibt es zwei Möglichkeiten:

Erste Möglichkeit:
Sie speichern Ihre Argumente mit Kerze, Schwan und Dreizack, also mit den Zahlensymbolen ab. Nun sind alle Ihre Argumente schön sortiert abrufbereit. Sie können die einzelnen Punkte nach ihrer Gewichtung sortieren. Dazu fangen Sie mit den schwächeren Argumenten an und enden mit dem stärksten Ihrer Argumente. Oder Sie variieren die Reihenfolge und beginnen beispielsweise gleich mit der schlagkräftigsten Begründung. Die schwächeren folgen dann, um den ersten Punkt noch zu unterstreichen. Wie Sie sich auch entscheiden sollten: Die Zahlensymbole garantieren, dass Sie sämtliche Argumente sicher und ohne zu überlegen souverän vorbringen können.

Zweite Möglichkeit:

Sie überlegen sich die Argumente der Gegenseite und bereiten sich speziell auf diese vor. Sie verknüpfen also Ihre Gegenargumente mit dem jeweils entsprechenden Argument Ihres Verhandlungspartners. Sagt Ihr Gegenüber also »A«, antworten Sie sicher und souverän mit Ihrem genau abgestimmten Gegenargument »B«. Damit haben Sie die Diskussion zielgerichtet und individuell im Griff. Diese Vorgehensweise setzt natürlich voraus, dass Sie Ihren Verhandlungspartner kennen und seine Argumentation einigermaßen vorhersehen können.

Verhandlungsbeispiel: Grafiker fest einstellen gegen Freelancer

Im Folgenden beleuchten wir die beiden vorgestellten Varianten an einem praktischen Beispiel. So können Sie für sich selbst entscheiden, welche Ihnen besser liegt.

Stellen Sie sich vor, in Ihrer Firma müsste die Entscheidung getroffen werden, ob man für die Werbeabteilung einen zusätzlichen Grafiker fest einstellen soll oder ob es günstiger wäre, die Aufträge an einen Freelancer zu vergeben. In einem Meeting sollen Sie sich hierzu äußern - und wollen die Anwesenden natürlich von Ihrer Meinung überzeugen. Dann fangen Sie mal an!

 ÜBUNG: *Variante 1 – Argumente mit den Zahlensymbolen abspeichern*

Angenommen Sie sind dafür, einen Grafiker fest anzustellen. Dann könnten Ihre Argumente für die Festanstellung folgende sein:

1. Ein fest angestellter Grafiker wäre nach Ihrer Berechnung während der letzten drei Jahre billiger gewesen als ein freier Mitarbeiter.

2. Wenn es kein konkretes Projekt zu bearbeiten gibt, kann man den Grafiker auch anderweitig einsetzen

3. Abstimmungen und Briefings sind kürzer, Sie haben kürzere Wege und ein schnelleres Ergebnis. Verknüpfen Sie diese Argumente nun der Reihe nach mithilfe der bekannten Methode unter Zuhilfenahme von Kerze, Schwan und Dreizack.

1. _____

2. _____

3. _____

Ihre Verknüpfung könnte folgendermaßen aussehen:

Beispiele

1. An einem Schreibtisch in Ihrem Büro sitzt ein Grafiker, der mit einer Kerze zeichnet. Auf einmal gibt er Ihnen ein Bündel Geldscheine (als Bild dafür, dass Sie mit ihm sparen können).

2. Der Grafiker sitzt am Schreibtisch und dreht Däumchen. Da fällt ihm auf, dass noch ziemlich viel Schwanendreck im Büro zu beseitigen wäre. Der Schwan macht auch wirklich ständig Dreck. Deswegen nimmt der Grafiker ein Kehrblech und einen Besen und macht den Dreck weg.

3. Für alle Abstimmungen und Briefings fischen Sie sich den Grafiker mit dem Dreizack einfach und schnell von seinem Schreibtisch weg und ziehen ihn in Ihr Büro herein. Seine Ergebnisse überreicht er Ihnen dann sehr kurzfristig ebenfalls mit dem Dreizack.

Damit haben Sie Ihre Argumente nun sicher abgespeichert. Sie können sich absolut darauf verlassen, in Ihrer Diskussion alle Punkte noch zu wissen.

In der Praxis haben Sie wahrscheinlich oder hoffentlich mehr als nur drei Argumente bei der Hand. An dieser Stelle ist aber jetzt nur wichtig, dass Sie sehen, wie Sie die Geisselhart-Technik auf solche Anforderungen anwenden.

 ÜBUNG: *Variante 2 – Gegenargumente abspeichern*

Hier müssten Sie sich ja erst einmal überlegen, welche Argumente die Gegenseite haben könnte. Die Argumente gegen die Festanstellung eines Grafikers könnten sein:

1. Festanstellung ist zu teuer.

2. Festanstellung erhöht das finanzielle Risiko durch höhere Fixkosten.

3. Für einen weiteren festen Arbeitsplatz ist das Büro zu klein.

Nun wollen Sie für jedes Argument der Gegenseite ein Gegenargument finden, mit dem Sie Ihren Gesprächspartner überzeugen können. Also überlegen Sie sich entsprechende Formulierungen. Diese könnten sein:

1. Festanstellung ist zu teuer.
Ihr Gegenargument: Ein fest angestellter Grafiker wäre nach Ihrer Berechnung die letzten drei Jahre sogar billiger gewesen als ein freier Mitarbeiter.

2. Festanstellung erhöht das finanzielle Risiko durch höhere Fixkosten.
Ihr Gegenargument: Das jährliche Budget Ihrer Abteilung für Grafik, Werbung und Design wird ja auch zu Beginn des Jahres eingeplant und ist nach Ihren Berechnungen sogar noch höher als die Kosten für einen fest angestellten Grafiker.

3. Für einen weiteren festen Arbeitsplatz ist das Büro zu klein.
Ihr Gegenargument: Der Grafiker bekommt einen mobilen Arbeitscontainer und setzt sich abwechselnd an die Plätze der Teilzeitbeschäftigten.

Nun verbildern Sie die Argumente und die entsprechenden Gegenargumente und verknüpfen diese miteinander. So ist sichergestellt, dass Sie, sobald Ihr Verhandlungspartner irgendeines seiner Argumente nennt, sofort das passende Gegenargument aus Ihrem Köcher ziehen können.

Nun schauen wir mal, ob Ihnen zu den entsprechenden Argumenten Ihr Bild wieder einfällt und Sie damit Ihr Gegenargument formulieren können.

Für einen weiteren festen Arbeitsplatz ist das Büro zu klein.

Ihr Gegenargument: _____

Festanstellung ist zu teuer.

Ihr Gegenargument: _____

Festanstellung erhöht das finanzielle Risiko durch höhere Fixkosten.

Ihr Gegenargument: _____

Und so habe ich die Argumente verbildert und verknüpft:

Beispiele

* Argument: Festanstellung ist zu teuer.
  Mein Bild dafür: Grafiker sitzt im Büro am Schreibtisch und stapelt seine vom Chef erhaltenen Geldscheine darauf.
  Gegenargument: Ein fest angestellter Grafiker wäre nach Ihrer Berechnung die letzten drei Jahre sogar billiger gewesen als ein freier Mitarbeiter.
  Mein Bild dafür: Wie beim ersten Beispiel, also: Der Grafiker gibt Ihnen sogar noch ein Bündel Geldscheine (als Bild dafür, dass Sie mit ihm eine Menge Geld sparen können).
  Verknüpfung: Der im Büro sitzende Grafiker steht auf, gibt Ihnen das ganze Geld und sogar noch ein paar Scheine aus seiner eigenen Geldbörse.

* Argument: Festanstellung erhöht das finanzielle Risiko durch höhere Fix-kosten.
  Mein Bild dafür: Als Bild für finanzielles Risiko würde ich ein Bündel Geld-scheine wählen, das im Wettbüro abgegeben wird oder die Eine-Million-Euro-Frage bei »Wer wird Millionär« oder Risiko bei »Der große Preis«.
  Gegenargument: Das jährliche Budget Ihrer Abteilung für Grafik, Werbung und Design wird ja auch zu Beginn des Jahres eingeplant und ist nach Ihren Berechnungen sogar noch höher als die Kosten für einen fest angestellten Grafiker.
  Mein Bild hierfür: Jede Abteilung bekommt an Neujahr (Silvester mit Raketen und Feuerwerk) einen Stapel Geld auf den Schreibtisch gelegt (das ist das Budget).
  Verknüpfung: Sie nehmen den Geldstapel aus dem Wettbüro und legen ihn neben den von Silvester und siehe da, der vom Wettbüro ist kleiner, sprich: Die Kosten sind geringer.

* Argument: Für einen weiteren festen Arbeitsplatz ist das Büro zu klein.
  Mein Bild dafür: Das Büro ist voll. Jeder Arbeitsplatz ist besetzt. Der Gra-fiker sitzt mitten im Flur und zeichnet.
  Gegenargument: Der Grafiker bekommt einen mobilen Arbeitscontainer und setzt sich abwechselnd an die Plätze der Teilzeitbeschäftigten.

Mein Bild hierfür: Der Grafiker rollt mit seinem Container, sobald ein Kollege seine Sachen packt und Feierabend macht, an dessen Schreibtisch. Verknüpfung: Sie sehen im Geiste, wie der Grafiker vom Boden aufsteht, seinen Container schnappt und ihn zu einem gerade frei werdenden Schreibtisch schiebt. Dort arbeitet er nun in aller Ruhe.

Mit diesen Verknüpfungen sind Sie nun also gewappnet, allerdings nur für die Argumente, die Sie von Ihrem Gegenüber erwarten und auf welche Sie sich vorbereitet haben. Aber auch bei Anwendung der ersten Methode mit den Zahlensymbolen kann es natürlich passieren, dass Ihre Argumente nicht ausreichen, um Ihr Gegenüber zu überzeugen. Fakt ist jedoch auf jeden Fall, dass Sie die von Ihnen vorbereiteten Argumente sicher und zuverlässig im Kopf haben. Sie können sie jederzeit abrufen, ohne lange zu überlegen, und wirken damit souverän und kompetent.

Tagesordnungspunkte im Kopf behalten

Egal ob Abteilungsbesprechung, Jahreshauptversammlung, Fortbildungsseminar oder Vorstandssitzung: Bei all diesen Anlässen können Sie sich wesentlich besser präsentieren, wenn Sie nicht ständig hektisch in Papieren blättern, sondern die Tagesordungspunkte und Argumente ganz einfach im Kopf haben.

Die folgende Übung machen Sie sicherlich mit links. Denn es handelt sich wieder um nichts anderes, als bestimmte Punkte, Daten oder Fakten unter Zuhilfenahme der Zahlensymbole abzuspeichern. Und auf diesem Gebiet sind Sie ja mittlerweile ein richtiger Profi. Also geht es auch gleich ohne lange Vorrede los. Speichern Sie bitte die folgenden TOPs (Tagesordnungspunkte) einer beispielhaften Besprechung mit den Zahlensymbolen ab.

> ➡ *TIPP*
>
> *Ganz wichtig: Wenn Sie diese Technik anwenden, klingt Ihre Argumentation niemals auswendig gelernt. Da Sie ja nur Bilder beschreiben, die Sie im Geiste vor sich sehen, benutzen Sie immer die Worte, die genau in dem Moment auch zu Ihnen passen. Sie sind also stets absolut authentisch.*

ÜBUNG: *Tagesordnungspunkte behalten*

1. Begrüßung durch den Vorstand
2. Präsentation der aktuellen Marktanalyse
3. Vorstellung des neuen Sicherheitschefs
4. Kaffeepause
5. Brainstorming zum Thema Verschönerung der Firmenfassade
6. Planung der nächsten Kundenveranstaltung

Und hier können Sie gleich wieder schauen, ob es funktioniert hat. Wenn Sie für jeden TOP ein für Sie passendes Bild gefunden und dies möglichst skurril mit dem entsprechenden Zahlensymbol verknüpft haben, müssten Sie eigentlich sogar noch alle Tagesordnungspunkte wissen.

1. _____
2. _____
3. _____
4. _____
5. _____
6. _____

Ich habe mir diese TOPs (Tagesordnungspunkte) so gemerkt:

Beispiele

1. Begrüßung durch den Vorstand
   Meine Verknüpfung: Der Vorstand kommt mit einer Kerze auf dem Kopf herein und begrüßt alle aufs Herzlichste.

2. Präsentation der aktuellen Marktanalyse
   Meine Verknüpfung: Bei der Präsentation muss ein Schwan als Beamer herhalten. Der Schwan öffnet seinen Schnabel und aus dem Schwanenschnabel

wird die Powerpoint-Präsentation mit Analysecharts (Börsenkursen ähnlich) an die Wand geworfen.

3. Vorstellung des neuen Sicherheitschefs
   Meine Verknüpfung: Dieser kommt in Uniform und mit einem großen Dreizack bewaffnet herein. Mit dem Dreizack kann der neue Sicherheitschef jeden Eindringling abwehren.

4. Kaffeepause
   Meine Verknüpfung: Auf jeder Tasse Kaffee, die den Anwesenden serviert wird, schwimmt ein schönes, grünes, vierblättriges Kleeblatt.

5. Brainstorming zum Thema Verschönerung der Firmenfassade
   Meine Verknüpfung: Jeder Besprechungsteilnehmer holt mit seiner Hand sein Gehirn aus dem Kopf. Aus den Gehirnen kommen lauter Ideen als bunte Bilder (Brainstorming) herausgeflogen. Danach gehen alle Teilnehmer nach draußen und malen mit Handfarbe die Fassade der Firma neu an.

6. Planung der nächsten Kundenveranstaltung
   Meine Verknüpfung: Sie könnten ja zum Beispiel einen Elefantenausritt als nächste Kundenveranstaltung planen.

Gesprächsdetails speichern

In Zukunft können Sie, wann immer Sie wollen, auch wichtige Gesprächsdetails und Unklarheiten, alle Abmachungen und Vereinbarungen sicher und zuverlässig abspeichern. So können Sie am Ende einer Unterredung das Wichtigste noch einmal souverän zusammenfassen, Fragen klären und Vereinbarungen bestätigen. Eine solche Situation ist, wie Sie sich sicher denken können, wieder einmal ein prima Einsatzgebiet für unsere Zahlensymbole. Sie verknüpfen also alle wichtigen Details schnell und sicher mit Kerze, Schwan und Dreizack. Zum Schluss brauchen Sie die Symbole nur wieder vor Ihrem geistigen Auge Revue passieren zu lassen und voilà, Sie haben alle wichtigen Gesprächsdetails abrufbereit.

Es geht doch nichts über die Praxis, also machen wir gleich eine praxisbezogene Übung. Nehmen wir an, Ihr Gegenüber möchte einige Verbesserungsvorschläge vorbringen. Er redet ohne Punkt und Komma, Sie kommen also nicht zu Wort. Dieselbe Vorgehensweise gilt aber auch für eine Präsentation oder einen Vortrag. Hier werden Sie aus Rücksichtnahme keine Zwischenfragen stellen oder Anmerkungen beisteuern, sondern bis zum Ende warten und dann die Ihnen wichtigen Punkte ansprechen bzw. Ihre Fragen stellen. In allen Fällen müssen Sie sich die betreffenden Gesprächsdetails merken. Und so geht's: Verknüpfen Sie die verbilderten Verbesserungsvorschläge mit den entsprechenden Zahlensymbolen und sehen Sie sich dabei diese Verknüpfung deutlich in Ihrem Kopfkino an.

 ÜBUNG: *Gesprächsdetails speichern*

Folgende Verbesserungsvorschläge, die Sie sich merken wollen, werden im Gespräch genannt.

1. Meiner Meinung nach wäre es sinnvoll, alle Mitarbeiter zu ermutigen, Verbesserungsvorschläge einzubringen. Überhaupt finde ich es gut, die Mitarbeiter zum Mitdenken beim Firmengeschehen anzuregen, denn das motiviert sie und erhöht ihr Interesse an der Arbeit.

2. Ich halte es auch für wichtig, dass sich die Leute im Betrieb kennen- und schätzen lernen und miteinander reden können. Daher schlage ich vor, jährlich einen bis zwei Ausflüge zu organisieren, um Betriebsklima und Kommunikation zu verbessern.

3. Ein unhaltbarer Missstand sind die unbequemen Stühle, auf denen unsere Mitarbeiter sitzen müssen. Um die Kreativität zu fördern und damit sich die Damen und Herren auch einmal entspannt zurücklehnen können, wären neue Nackenstützen genau das Richtige. Sie sollten an jedem Stuhlmodell angebracht werden.

4. Dem Mangel an Parkplätzen sollte abgeholfen werden. Wenn ich einmal an einer Ampel warten muss und ein paar Minuten später ankomme, muss ich auf dem unbefestigten Gelände parken. Das ist gerade bei nassem Wetter ein matschiges Unterfangen.

5. Jeder Mitarbeiter sollte auch etwas für sein Gedächtnis tun, weil dies mit Sicherheit seiner Arbeit zugute kommt. Wenn er wichtige Informationen, die er für seine Arbeit

braucht, lückenlos im Kopf hat, geht ihm alles besser von der Hand. Daher schlage ich für jeden Mitarbeiter ein Gedächtnistraining vor. Bestimmt sind Sie gespannt, wie es geklappt hat. Hier können Sie sich wieder testen:

1. _____

2. _____

3. _____

4. _____

5. _____

(aus: Geisselhart, Oliver: «Souverän freie Reden halten«, Gabal-Verlag)

Sollten Sie an meinen Vorschlägen interessiert sein, hier sind sie:

1. Das schwarze Brett am Firmeneingang ist mit einer Kerze erleuchtet und Sie sehen die Verbesserungsvorschläge im Kerzenschein. Die Mitarbeiter hüpfen mit Interesse und hoch motiviert am schwarzen Brett vorbei.

2. Der Ausflug geht an einen See, auf dem ein schöner Schwan schwimmt. Dieser wird von den Mitarbeitern gefüttert, während sie sich angeregt unterhalten (Kommunikation) und sich so kennenlernen. Beim Füttern des Schwans wird natürlich auch viel gelacht (Betriebsklima).

3. Stellen Sie sich einen Dreizack an den Stühlen vor, auf welchem die Nackenstützen mit Kreativität befestigt werden. Dann nehmen die Mitarbeiter darauf Platz und lehnen sich entspannt zurück.

4. Auf dem unbefestigten Gelände wachsen vierblättrige Kleeblätter. Diese könnten durch Grasgittersteine wachsen, dann wäre es nicht mehr so matschig.

5. Sehen Sie bitte ganz deutlich, wie sich verschiedene Mitarbeiter mit ihrer Hand in den Kopf, also ins Gedächtnis fassen und dann rufen: »Na klar!« Sie haben jetzt wieder alle Infos parat.

Special: Rechtschreibung leicht gemacht

Das Tieralphabet

Das Tieralphabet ermöglicht es Ihnen auf einfache Weise, schwierige Schreibweisen bestimmter Wörter zu behalten. Da unser Gehirn in Bildern denkt, ordnen wir diesmal jedem Buchstaben im Alphabet ein Tier zu, so wie wir in Kapitel 2 jeder Zahl ein Bild zugeordnet haben. Damit der Bezug zum Buchstaben gegeben ist, sollte der Anfangsbuchstabe des Tieres derselbe sein wie der verbilderte Buchstabe. Sollte Ihnen eines der vorgeschlagenen Tiere nicht gefallen oder negative Assoziationen hervorrufen, so ersetzen Sie es einfach gegen eines, das Ihnen sympathisch ist. So, und hier sind sie, die Buchstaben, die eigentlich Tiere sind:

A - Affe   **B** - Bär   **C** - Chamäleon   **D** - Delfin

E - Esel   **F** - Frosch   **G** - Giraffe   **H** - Hahn

I - Igel   **J** - Jaguar   **K** - Känguru   **L** - Löwe

M - Mammut

N - Nashorn

O - Ochse

P - Pinguin

Q - Qualle

R - Robbe

S - Schmetterling

T - Tarantel

U - Uhu

V - Vogel

W - Wolf

X - Echse

Y - Hyäne

Z - Zebra

Aus dem Rahmen fallen die Echse und die Hyäne. Die Echse habe ich gewählt, weil mir kein Tier mit dem Anfangsbuchstaben X bekannt ist. Da das X in der Aussprache von Echse dominant ist, habe ich mich für diese entschieden. Das Yak für den Buchstaben Y war mir zu exotisch. Die wenigsten Menschen können sich wohl ein Yak vorstellen. Die Hyäne scheint mir daher die beste Alternative zu sein.

Alles einfach richtig schreiben

Meine liebsten Beispiele für die Anwendung der Geisselhart-Technik auf diesem Gebiet sind mein eigener Name und das schöne Wort »Diarrhö«. Nehmen wir also einmal an, Sie möchten »Geisselhart« korrekt schreiben und hätten große Mühe, sich die richtige Schreibweise einzuprägen. Immer wieder überlegen Sie: »Mit einem S oder doch mit Doppel-S oder vielleicht sogar mit ß? Mit DT oder nur mit einfachem T?«

In Zukunft können Sie sich die Schreibweise meines Namens ganz einfach mit folgender Verknüpfung merken: Auf meiner Schulter sitzen zwei wunderhübsche Schmetterlinge (für das Doppel-S). Die flattern aber schnell fort, als sie die Tarantel sehen, die über mein Gesicht läuft (Tarantel steht für das T). Nun wissen Sie, dass man »Geisselhart« mit zwei S und mit T schreibt!

Mein zweites Beispiel: »Diarrhö«, Durchfall also. Schwierigkeit hierbei: die zwei R und das H dahinter. Die »merk-würdige« Geschichte sieht bei mir so aus: Zwei Robben (für die zwei R) haben schrecklichen Durchfall. Da kommt ein Hahn (für das H) des Weges und rutscht darin aus, igitt igitt.

Und nun sind Sie wieder selbst gefragt. Lassen Sie sich lustige Geschichten zu den folgenden Worten einfallen. Auf welche Buchstaben Sie dabei achten sollen, steht jeweils daneben. Die Bedeutung habe ich weggelassen, denn es geht nur um die richtige Rechtschreibung. Wenn Sie in der Praxis auch die Bedeutung der Worte speichern wollen, packen Sie diese ganz einfach mit in die Geschichte rein – so wie ich es Ihnen wie in den Beispielen »Geisselhart« und »Diarrhö« vorgemacht habe. Und los geht es.

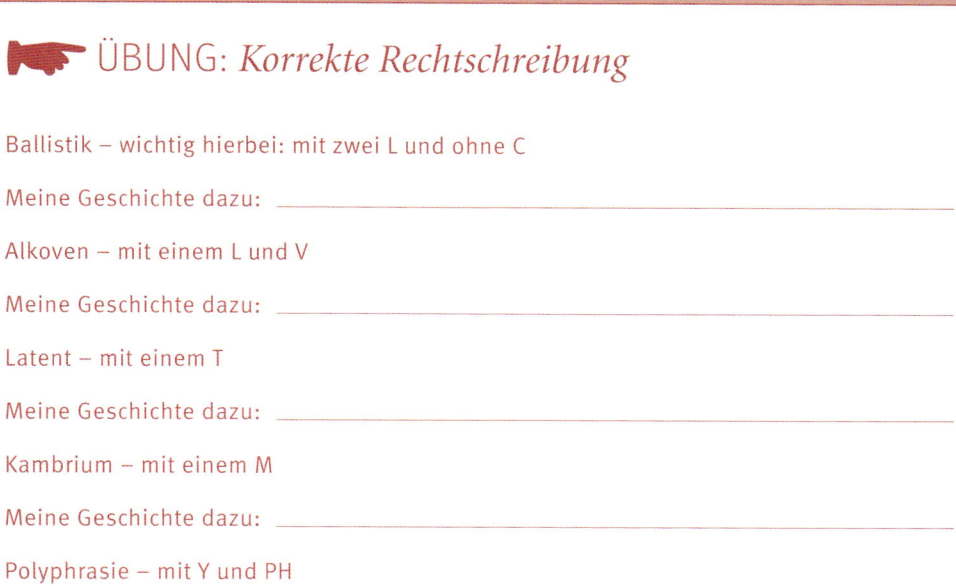

ÜBUNG: *Korrekte Rechtschreibung*

Ballistik – wichtig hierbei: mit zwei L und ohne C

Meine Geschichte dazu: _____

Alkoven – mit einem L und V

Meine Geschichte dazu: _____

Latent – mit einem T

Meine Geschichte dazu: _____

Kambrium – mit einem M

Meine Geschichte dazu: _____

Polyphrasie – mit Y und PH

Meine Geschichte dazu: _____

Und, wie ging das? Ist für Sie kein Problem mehr, oder? Für alle, die es interessiert, hier auch noch einmal meine Vorschläge:

Ballistik: Zwei große Löwen (die zwei L) jagen ein Chamäleon (ohne C) weg.

Alkoven: Ein Löwe (für das eine L) mit einem Vogel (für das V) auf dem Kopf

Latent: Eine Tarantel (ein T)

Kambrium: Ein Mammut (denn es ist ja auch nur ein M). Das passt übrigens gut zur Bedeutung – Sie wissen doch noch: Erdzeitalter!

Polyphrasie: Die Hyäne (für das Y) wird von einem Pinguin, der auf einem Hahn reitet (für das PH), an der Leine geführt.

Die METHODE in den ALLTAG INTEGRIEREN

Während eines ganz normalen Tagesablaufs gibt es immer wieder zahlreiche Übungsmöglichkeiten für Ihr Gedächtnistraining. Meiner Meinung nach sollten Sie diese vor allem in der Anfangszeit nutzen. Auch wenn Sie zunächst im Alltag in der praktischen Anwendung das eine oder andere Mal an Ihre Grenzen stoßen, sollten Sie den Glauben an sich bzw. an die Technik nicht verlieren. Betrachten Sie es vielmehr als Herausforderung, noch besser zu werden.

Übung macht den Meister!

Denken Sie mal zurück an die Zeit, in der Sie gerade den Führerschein gemacht haben. Was war das damals für ein Gefühl, wenn Sie Auto gefahren sind? Fühlten Sie sich wohl oder eher unsicher? Kam es Ihnen vor, als hätten Sie schon immer hinter dem Steuer gesessen oder fehlte Ihnen doch noch ein bisschen Fahrpraxis? Und wie war es bei neuen, unbekannten Strecken oder vollen Straßen und schlechten Wetterbedingungen? Bestimmt fühlten Sie sich so manches Mal unsicher. So geht es jedem, der etwas Neues und Ungewohntes macht. Und so geht es Ihnen wahrscheinlich anfangs auch mit der Geisselhart-Technik.

To-do-Listen funktionieren wahrscheinlich von Anfang an recht gut und Sie speichern Ihre Erledigungen regelmäßig auf diese Weise ab, statt sie mühsam auf Zettel zu notieren und diesen dann zu suchen. Jetzt aber kommen Sie auf eine Feier und Ihnen werden innerhalb kürzester Zeit sechs Gäste vorgestellt. Das Ganze geht so schnell, dass Sie die einzelnen Namen kaum richtig verstehen. Die anderen kennen nun natürlich Sie, denn sie mussten sich ja nur einen Namen merken. Und Ihnen wollen die Namen partout nicht mehr einfallen. Das ist ganz normal. Hier fehlt Ihnen einfach noch etwas Praxis.

Es ist ja auch ein Unterschied, ob Sie mit dem Auto auf dem Verkehrsübungsplatz oder zur Rushhour in einer Großstadt unterwegs sind. Bisher war das Buch für Sie der Verkehrsübungsplatz – aber in der Praxis sechs Namen in Windeseile abzuspeichern, ist im Vergleich dazu die Großstadt mitten in der Hauptverkehrszeit. Und genau wie damals in Ihren Anfangszeiten als Autofahrer, als Sie sich über jede Fahrt gefreut und sie genutzt haben, um Ihre Fahrpraxis zu vertiefen, als Sie froh darüber waren, für Ihre Eltern Erledigungen mit dem Auto zu machen oder mit Begeisterung die kleineren Geschwister von der Schule abgeholt haben, genau so sollten Sie am Anfang alle Gedächtnis-Möglichkeiten nutzen, um Ihre Praxis zu vertiefen. Mit etwas Übung werden Sie auch im harten Alltag bestehen. Und mit viel Praxis werden Sie immer schneller.

Glauben Sie mir: Anwendung macht den Meister. Machen Sie deshalb die nachfolgenden Übungen in Ihrem Alltag so oft es Ihnen nur irgendwie möglich ist.

Übungen für Zwischendurch

> **➡ TIPP**
>
> *Nutzen Sie Wartezeiten! Ob beim Arzt, an der Kasse im Supermarkt, beim Frisör, auf dem Amt oder in einem Cafe, im Zug oder im Flugzeug: Ein großer Teil unseres Lebens besteht aus Warten. Dies sind tolle Trainingszeiten. Das Schöne daran ist, dass dabei keine Zeit verloren geht. Sie warten ja sowieso. Warum sollten Sie also diese Zeiten nicht nutzen. Deshalb erhalten Sie hier einige Vorschläge, wie Sie die bereits erlernte Technik weiter vertiefen und professionalisieren können.*

Üben mit Karteikarten

Eine meiner liebsten Beschäftigungen während unvermeidlicher Wartezeiten ist es, mit Karteikarten zu lernen. Ob Sie nur Ihren Fremdwortschatz erweitern oder eine komplett neue Sprache erlernen möchten: Mit Karteikarten funktioniert dies einfach, sicher und ganz nebenbei. Im Kapitel 4 habe ich Ihnen dieses System bereits vorgestellt. Da es wirklich gewinnbringend ist, möchte ich an dieser Stelle noch einmal darauf eingehen.

Am einfachsten ist es sicherlich, vorgefertigte Karteilernsysteme für die verschiedensten Themenbereiche zu kaufen. Aber auch speziell auf die eigenen Bedürfnisse zugeschnittene Inhalte lassen sich einfach herstellen. Sie brauchen dazu lediglich Karteikarten in der von Ihnen bevorzugten Größe, die Sie im Schreibwarenhandel kaufen können. Sie könnten die Karten auch aus Pappe selbst ausschneiden, aber das lohnt sich meiner Ansicht nach nicht. Und als Schwabe weiß ich, wovon ich rede. Da ist es schon günstiger, einmal zu einem Drucker zu fahren. Der schneidet einem gern für wenig Geld aus einem 250- bis 300-Gramm-Karton so viele Karten aus, wie Sie benötigen. Egal, ob selbst oder vom Drucker zugeschnitten: Beschriften müssen Sie die selbst hergestellten Karten auf jeden Fall eigenhändig.

Sie schreiben also nun auf die eine Seite die zu lernende Vokabel, das Fremdwort, die Frage oder was auch immer Sie sich merken wollen. Auf die andere Seite kommt, na klar, die Übersetzung der Vokabel, die Bedeutung des Fremdworts, die Antwort auf die Frage usw. Und nun kann es losgehen: Ich nehme gern immer etwa 30 Kärtchen mit. Die passen gut in die Tasche. Wenn es mehr werden, wird die Sache schon unhandlich. Am Anfang genügt es aber vollkommen, wenn Sie nur zehn einstecken. Jetzt können Sie bei jeder Wartezeit Ihre Karten aus der Tasche nehmen und sich damit beschäftigen.

> ➡ *TIPP*
>
> *Nehmen wir einmal an, Sie schaffen es nicht täglich (Sie müssen eben nicht so oft warten), aber immerhin an drei Tagen in der ganzen Woche, sich mit Ihren Karteikarten zu beschäftigen. Selbst dann lernen Sie ganz nebenbei etwa 30 Vokabeln pro Woche dazu. Das sind in zweieinhalb Monaten schon 300 neue Vokabeln! Damit könnten Sie sich in einem fremden Land schon relativ gut verständigen oder eine bereits vorhandene Fremdsprache toll wieder aufpolieren. Also: Nutzen Sie in Zukunft die einfachen und doch so genialen Karteikärtchen.*

Ihre wichtigsten Ziele

Meiner Meinung nach ist es für den Menschen unerlässlich, Ziele zu haben. Ohne Ziele ist das Leben sinnlos. Diese müssen gar nicht so »abgehoben« sein. Oft ist es besser, ein paar einfache Ziele tatsächlich zu erreichen, als viel zu hoch gesteckten Zielen jahrelang hinterher zu laufen, um sie dann doch fallen zu lassen. Natürlich dürfen Sie auch wirklich hohe Ziele haben. Für hohe Ziele müssen wir aber meistens auch einen hohen Preis bezahlen. Dies sollten Sie vorher bedenken. Wir erkennen aber häufig nicht, wie hoch der Preis tatsächlich ist und muten uns daher anfänglich oft zu viel zu. Vor allem auf kurze Sicht. Wichtig ist aber, wie lange man unter solchen Umständen tatsächlich durchhält.

Die meisten Menschen überschätzen, was sie in relativ kurzer Zeit (etwa innerhalb eines Jahres) erreichen können, unterschätzen aber gleichzeitig, was sie in einer größeren Zeitspanne (also innerhalb von 10 bis 15 Jahren) schaffen könnten – wenn sie sich Zeit lassen würden. Und so gehen wir oft sehr unüberlegt an unsere Ziele heran und stellen relativ schnell fest, dass der Erfolg sich nicht so schnell und leicht einstellt, wie wir uns das vorgestellt haben. Dann werden unsere Bemühungen, das Ziel zu erreichen, unregelmäßiger, der Erfolg lässt noch mehr auf sich warten und schließlich geben wir ganz auf. Die meisten Fitness-Studios würden ohne diesen nur allzu menschlichen Zug nicht funktionieren, denn wenn alle zahlenden Mitglieder wirklich regelmäßig trainieren würden, wären die allermeisten Studios total überfüllt. Aber viele geben eben einfach sehr schnell auf. Und das hängt unter anderem damit zusammen, dass das Unterbewusstsein nicht richtig programmiert ist. Wenn diese Menschen

> **➡ TIPP**
>
> *Aus Sicht unseres Unterbewusstseins ist diejenige Richtung die richtige, die zu den dort gespeicherten Bildern passt. Sie sollten also sehr genau darauf achten, welche Bilder Sie in Ihrem Unterbewusstsein zulassen. Ihre Ziele sollten dort in jedem Fall in Form von Bildern gespeichert sein.*

ihre Ziele richtig im Unterbewusstsein verankern würden, könnten sie diese auch erreichen. Wenn Sie Ihre Ziele mit der Geisselhart-Technik abspeichern, sind sie fest im Unterbewusstsein verankert. Und damit steigt die Chance auf Zielerreichung deutlich. Unser Unterbewusstsein lenkt uns dann automatisch in die richtige Richtung.

Benutzen Sie die nächsten Wartezeiten einmal dazu, sich über Ihre zukünftigen Ziele klar zu werden. Was wollen Sie in einem Jahr tun, sein, erreicht haben? Wo wollen Sie stehen? Und was ist in zehn Jahren? Sie glauben, das wäre zu weit entfernt? Wer eine eigene Firma gründet, sollte sich zum Beispiel absolut sicher sein, wo er in zehn Jahren stehen will. Auch wenn es sich nur um Planungen handelt, sollten Sie den Weg kennen, bevor Sie losmarschieren.

Und mit der Familienplanung sieht es genauso aus. Wer nicht rechtzeitig daran denkt, stellt irgendwann fest, dass es zu spät ist. Studenten beispielsweise (zumindest die ernsthaften) würden nicht studieren, wenn sie nicht in eine zehn Jahre entfernte Zukunft blicken würden. Allein das Studium dauert ja schon fünf Jahre mit Praktikum oder Auslandsjahr. Und ein Student sollte wissen, was er mit seinem Diplom anfangen will. Zehn Jahre sind also schnell vorbei.

Mein Ratschlag: Schreiben Sie Ihre zehn wichtigsten Ziele im Leben auf und speichern Sie sie sicher mit Kerze, Schwan und Dreizack usw. ab.

→ *TIPP*

Meine wichtigsten Aufgaben
Die logische Konsequenz aus Ihren
Zielen ist es, eine Liste aller Aufga-
ben zu erstellen, die es zu erledigen
gilt, um Ihre Ziele tatsächlich zu
erreichen. Für jedes Ziel sollten Sie
sich die wichtigsten Aufgaben über-
legen – und diese dann dauerhaft
und abrufbar mit den Zahlensym-
bolen abspeichern.

Am laufenden Band

Sollten Sie irgendwann einmal genug von Ihren Zielen haben (das ist schon OK), spielen Sie eine Runde »Am laufenden Band«. Erinnern Sie sich noch an Rudi Carrells bekannte Sendung? Wenn nicht, sind Sie wahrscheinlich zu jung. »Am laufenden Band« war eine Quiz-Show, an deren Ende auf einem Fließband verschiedene Dinge vorbeigerauscht kamen – alles Mögliche von Elektro- und Haushaltsgeräten über Kleidungsstücke bis hin zu Reisen. Alle Dinge, die der Gewinner der Show sich gemerkt hatte, nachdem das Band durchgelaufen war, durfte er mit nach Hause nehmen. Die Geschwindigkeit war relativ hoch und es waren meines Wissens immerhin 20 Gegenstände auf dem Band. Für ungeübte bzw. Teilnehmer ohne Technik war es nicht zu schaffen, alle zu behalten.

Sie können dieses Spiel ganz einfach und nahezu überall spielen. Voraussetzung ist, dass sich einige Dinge um Sie herum befinden. Sie schauen sich also um und speichern einfach alles ab, was Sie sehen. Entweder Sie verknüpfen die einzelnen Gegenstände miteinander oder mit den Zahlensymbolen. Wechseln Sie die Technik einfach immer mal wieder ab. Wenn Sie alles verknüpft haben, schließen Sie die Augen oder schauen in eine andere Richtung. Gehen Sie nun im Geiste alle Dinge durch, welche Sie verknüpft haben. Danach schauen Sie wieder genau hin und kontrollieren Ihren Erfolg.

Kreativitätsspiel Alltag

Dieses Spiel funktioniert ähnlich wie »Am laufenden Band«. Schauen Sie, wenn Sie irgendwo warten, zuerst nach links. Der erste Gegenstand oder die erste Szene, die Ihnen ins Auge fällt, ist der eine Part des Verknüpfungsspiels. Dann schauen Sie nach rechts und das, was Sie dort sehen, ist der zweite Part. Die beiden Teile werden nun wieder auf möglichst kreative Art und Weise verknüpft. Machen Sie das, so oft Sie mögen. Wenn Sie dann nach dem Verknüpfen nur noch auf eine Seite schauen, sollte Ihnen zu den meisten Dingen das entsprechende Bild auf der anderen Seite wieder einfallen. Ein Beispiel: Sie sehen im Wartezimmer einer Arztpraxis auf der linken Seite eine Uhr an der Wand. Auf der rechten Seite fällt Ihnen als Erstes eine Palme auf. Jetzt haben Sie Ihr Verknüpfungspaar: Uhr mit Palme. Verknüpfen Sie die beiden Begriffe wie gewohnt auf möglichst skurrile Art und Weise. Stellen Sie sich zum Beispiel vor, dass die Zeiger der Uhr Palmwedel sind oder dass an den Palmwedeln lauter Uhren hängen. Nachdem Sie einige Dinge im Raum miteinander verknüpft haben, schauen Sie sich um. Sobald Sie etwas sehen, das Sie verknüpft hatten, sollte Ihnen das passende Gegenstück einfallen – bei der Uhr eben die Palme. Dieses Spiel ist sehr effektiv und praktisch immer und überall einsetzbar. Nutzen Sie es!

Nutzen Sie Reisezeiten

Wer viel von A nach B unterwegs ist, weiß, wie viel Zeit dabei ungenutzt verstreicht. Im Zug, im Bus, im Flieger können Sie aber auch herrlich üben, lernen und sich weiterbilden. Deshalb sollten Sie immer vorbereitet sein und die notwendigen »Utensilien« dabei haben, um jederzeit ein paar Gedächtnisübungen absolvieren zu können – auch wenn es nur zehn Minuten oder eine Viertelstunde sind.

Lektüre mitnehmen

Nehmen Sie stets ein Sachbuch mit – zu irgendeinem Thema, über das Sie etwas lernen möchten oder müssen. Das kann natürlich auch ein Fachbuch über Ihr Hobby sein. Sollten Sie also beispielsweise leidenschaftlich gern kochen, so ist es eben ein Kochbuch. Lesen Sie sich die wichtigsten Rezepte durch und speichern Sie die Zutaten mit den entsprechenden Mengen und den einzelnen Zubereitungsschritten sicher im Kopf.

Allgemeinwissen

Es gibt sehr schöne und interessante Bücher über Allgemeinwissen. Ich bin immer wieder beeindruckt von Menschen, die ein breites Allgemeinwissen besitzen.

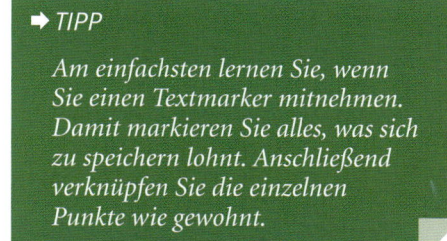

➡ *TIPP*

Am einfachsten lernen Sie, wenn Sie einen Textmarker mitnehmen. Damit markieren Sie alles, was sich zu speichern lohnt. Anschließend verknüpfen Sie die einzelnen Punkte wie gewohnt.

Und nichts ist leichter, als sich ein solches anzueignen. Das Kreativitätsspiel Allgemeinwissen in Kapitel 3 zeigt Ihnen die Vorgehensweise. Das können Sie nun jederzeit unterwegs oder beim Warten praktizieren und dabei spielerisch Ihr Allgemeinwissen aufpeppen.

Hörbücher

Im Auto ist das mit dem Lesen so eine Sache – es bekommt nicht jedem. Deshalb bin ich zu einem echten »Hörbuch-Junkie« geworden. Viele gute Sachbücher gibt es auch als Hörbuch. Sie müssen allerdings aufpassen, dass Sie sich trotzdem auf den Verkehr konzentrieren! Wenn Sie allerdings so zuhören und sich Gedanken machen können, als würden Sie sich mit einem Beifahrer unterhalten, spricht meiner Meinung nach nichts dagegen, den einen oder anderen Punkt in Gedanken mit einer Kerze oder einem Schwan zu assoziieren. Und schon haben Sie den doppelten Gewinn: Sie haben trainiert und sich zugleich diese Information gemerkt.

Sprachen lernen im Audio-Verfahren

Eine tolle Sache – genau wie die Hörbücher. Hören Sie die entsprechenden CDs einfach an und verbessern Sie so Ihr Gefühl für die Sprache. Wirkliche Übungen sollten Sie allerdings nicht während der Fahrt im Auto machen, es sei denn, Sie stehen im Stau. Ansonsten nutzen Sie diese Methoden bei Flug- oder Bahnreisen.

Nutzen Sie Ihre Arbeitszeit

Auch am Arbeitsplatz haben Sie tagtäglich die Möglichkeit, Ihre Gedächtnisleistungen in der Praxis zu perfektionieren. Und dazu müssen Sie keine Arbeitszet investieren. Sie können die Übungen problemlos in die Aufgabenstellungen integrieren, die Sie sowieso zu erledigen haben. Ich gebe Ihnen drei kurze Beispiele:

To-do-Listen

Speichern Sie in Zukunft Ihre tägliche To-do-Liste mit den Zahlensymbolen ab. Dadurch haben Sie die einzelnen Aufgaben auch schon einmal visualisiert. Das programmiert Ihr Unterbewusstsein und die Aufgaben gehen Ihnen leichter von der Hand.

Neue Namen

Schreiben Sie anfangs jeden neuen Namen erst einmal auf. Wenn es Ihre Zeit dann zulässt, verbildern Sie ihn. So schaffen Sie schnell 100 Namen und machen dadurch zügig Fortschritte. Sobald Sie merken, dass Sie im Geiste schon Bilder entwickeln, bevor Sie den Namen aufgeschrieben haben, können Sie diesen Schritt weglassen und den neuen Namen sofort verbildern.

Abläufe jeglicher Art

Egal, ob es um die Vorgehensweise geht, wie Sie Serienbriefe am PC generieren oder um einen bestimmten Handlungsablauf beim Start einer komplizierten Maschine: Zukünftig verknüpfen Sie die einzelnen Handlungen mit Kerze, Schwan, Dreizack usw. So haben Sie jederzeit die entsprechenden Abläufe perfekt abrufbar. Das wird Ihnen viel Sucherei und Fragerei ersparen.

Nutzen Sie Ihre Freizeit

Weil das Üben inzwischen zu einem Ihrer Hobbys geworden ist und Sie gar nicht mehr darauf verzichten wollen nun ein paar Anregungen, wie Sie die Geisselhart-Technik auch in Ihrer Freizeit gewinnbringend einsetzen können. Und ich bin sicher, dass Ihnen selbst dazu noch Einiges einfällt, denn auch Ihre Kreativität hat sich in der Zwischenzeit erheblich weiterentwickelt, oder nicht?

Zeitungsüberschriften

Verknüpfen Sie morgens beim Zeitungslesen die zehn schönsten Schlagzeilen mit den Zahlensymbolen. Dann haben Sie Gesprächsstoff für den ganzen Tag.

Meine privaten Erledigungen

Natürlich können Sie auch Ihre täglichen privaten Erledigungen mit den Zahlensymbolen abspeichern. Das trainiert und spart Papier.

Nutzen Sie Familienzeiten

Spielen Sie mit der ganzen Familie Kreativitätsspiele. Spannend ist dabei, wenn jeder reihum ein Spiel vorschlägt – also beispielsweise Büroutensilien mit Ferienzielen verknüpfen oder Nahrungsmittel mit Fernsehsendungen.

Gemeinsames Lernen

Lernen Sie gemeinsam mit Ihren Kindern. Wie Sie Ihren Kindern die Technik beibringen, haben Sie ja bereits in Kapitel 3 erfahren. Eine perfekte Übung – für Sie selbst (Lernen durch Lehren) und für Ihren Nachwuchs.

Alltagssituationen besser meistern: Was wollte ich hier jetzt gleich noch mal?

Jeder kennt das: Sie sitzen entspannt auf dem Sofa im Wohnzimmer und haben Lust auf ein Gläschen Wein, Saft, Wasser ... Sie gehen also in die Küche. Dort angekommen, stehen Sie plötzlich da und denken: »Eine schöne Küche, aber was wollte ich hier gleich noch mal?« Nachdem es Ihnen nicht einfallen will, gehen Sie zurück ins Wohnzimmer auf Ihr Sofa und zack: Da ist es! Sie wollten Wein. Was ist passiert? Warum fällt es Ihnen auf dem Sofa sofort wieder ein? Weil Ihr Gehirn den Wein mit dem Sofa verknüpft hat.

Bei der Anwendung im Alltag müssen Sie nur zwei Fragen berücksichtigen: Woran will ich denken, was darf ich also nicht vergessen? Und: Was passiert um mich herum in genau dem Moment, in dem ich daran denken will? Sind diese beiden Fragen beantwortet, haben Sie zwei Bilder, die Sie – genau! – verknüpfen können.

Stellen Sie sich bei den folgenden Beispielen nun also diese zwei Fragen. Beim ersten Beispiel gebe ich Ihnen noch Hilfe-

> **➡ WISSENSWERTES**
>
> *Merken Sie gerade was? Ja, ja, Ihr Gedächtnis verknüpft ständig und überall. Also genau das, was wir ja auch in diesem Buch die ganze Zeit über machen. Und warum machen wir das? Weil es der Arbeitsweise des Gehirns entspricht und wir uns damit viel mehr in viel kürzerer Zeit viel sicherer merken können.*

stellung, bei der Übung machen Sie es allein. Ganz am Schluss der Übung finden Sie noch ein paar ausgesuchte Beispielverknüpfungen von mir.

Beispiel
Sie wollen daran denken, ein geliehenes Buch für Ihre Freundin mitzunehmen, wenn Sie aus dem Haus gehen.

Erste Frage: Woran wollen Sie denken?
Antwort: An das Buch für Ihre Freundin.

Zweite Frage: Was passiert um Sie herum?
Antwort: Sie gehen aus dem Haus. Sie nehmen also Ihren Schlüssel mit, Sie drücken die Türklinke, Sie ziehen sich Ihre Jacke an, …

Ihre beiden Bilder sind also: das Buch und Schlüssel oder Türklinke oder Jacke.

Und diese beiden Bilder verknüpfen wir jetzt:

Verknüpfung: Stellen Sie sich das Buch als Schlüsselanhänger vor. Ganz deutlich sollten Sie diese Szene vor Ihrem geistigen Auge sehen und fühlen. Nehmen Sie den Schlüssel mit dem Buch-Schlüsselanhänger mal in Gedanken in die Hand. Ziemlich schwer und unhandlich, nicht wahr? Lassen Sie Ihre Gefühle mit in die Szene einfließen: Wie kommt man auf eine so unpraktische Idee – ein Buch als Schlüsselanhänger? Meine Güte.

Genauso könnten Sie das Buch natürlich auch mit der Türklinke oder der Jacke verknüpfen. Und Sie werden sehen: Sobald Sie Ihren Schlüssel in die Hand nehmen, um das Haus zu verlassen, wird Ihnen automatisch das Buch für Ihre Freundin einfallen. Jetzt müssen Sie es nur noch einpacken, bevor Sie aus dem Haus gehen – und werden in Zukunft nie mehr wichtige Dinge vergessen.

Wenden Sie die Technik nun gleich wieder selbst an, und zwar in der folgenden Übung. Frisch ans Werk, Sie können nur gewinnen!

ÜBUNG: *Woran wollte ich nochmal denken?*

✽ Situation: Den Schlüssel mitnehmen, wenn Sie das Büro verlassen.

Woran wollen Sie denken? _____

Was passiert um Sie herum? _____

Ihre beiden Bilder sind also: _____

Die Verknüpfung: _____

✽ Situation: Das Portemonnaie einstecken, wenn Sie aus dem Auto steigen.

Woran wollen Sie denken? _____

Was passiert um Sie herum? _____

Ihre beiden Bilder sind also: _____

Die Verknüpfung: _____

✽ Situation: Dem Chef zum Geburtstag gratulieren, sobald Sie ihn das erste Mal an diesem Tag sehen.

Woran wollen Sie denken? _____

Was passiert um Sie herum? _____

Ihre beiden Bilder sind also: _____

Die Verknüpfung: _____

✽ Situation: Die Nachbarn fragen, wie es im Urlaub war, sobald Sie sie das erste Mal sehen.

Woran wollen Sie denken? _____

Was passiert um Sie herum? _____

Ihre beiden Bilder sind also: _____

Die Verknüpfung: _____

✽ Situation: Ihrer/m Tochter/Sohn unaufgefordert die 100,— Euro zurückgeben, die Sie sich geliehen haben, wenn sie/er nach Hause kommt.

Woran wollen Sie denken? _____

Was passiert um Sie herum? _____

Ihre beiden Bilder sind also: _____

Die Verknüpfung: _____

✽ Situation: Beim nächsten Tanken den Reifenluftdruck prüfen.

Woran wollen Sie denken? _____

Was passiert um Sie herum? _____

Ihre beiden Bilder sind also: _____

Die Verknüpfung: _____

So, dann schauen wir doch mal, wie Sie sich geschlagen haben. Wenn Sie gut verknüpft haben, müssten Ihnen zu den folgenden Stichworten, Fragen bzw. Szenen die Dinge einfallen, an die Sie denken wollten. Los geht's!

Woran wollten Sie denken, wenn Sie aus dem Haus gehen?

_____

Sie steigen aus dem Auto. Woran wollten Sie denken?

_____

Sie verlassen das Büro. Was wollten Sie mitnehmen?

_____

Sie sehen Ihren Chef. Was war da noch gleich?

_____

Sie tanken Ihr Auto. Und was machen Sie danach?

_____

Sie treffen vor dem Haus Ihre Nachbarn. Was wollten Sie fragen?

_____

Endlich kommt Ihr/e Tochter/Sohn nach Hause. Und was machen Sie?

_____

Sind Sie mit Ihrem Ergebnis zufrieden? Ich hoffe doch sehr. Das waren sieben verschiedene Situationen. Haben Sie an Ihre sieben Sachen gedacht? Wenn Sie noch fünf davon wussten, ist das ein prima Ergebnis. Sich an alle sieben zu erinnern wäre brillant. Auch, wenn es »nur« fünf waren, ist dies sicher schon deutlich mehr als früher. Also Gratulation, seien Sie stolz auf sich!

Und hier drei der Verknüpfungsvorschläge, die ich mir ausgedacht habe:

Beispiele

✳ Situation: Schlüssel mitnehmen, wenn Sie das Büro verlassen.
Woran wollen Sie denken? An den Schlüssel.
Was passiert um Sie herum? Sie verlassen das Büro, greifen also an die Türklinke.
Ihre beiden Bilder sind also: Schlüssel und Türklinke
Die Verknüpfung: Stellen Sie sich die Türklinke Ihrer Bürotür als Schlüssel vor. Der Schlüsselbart, also die Zacken, sind dabei nach oben gerichtet. Wenn Sie nun in Gedanken die Türklinke greifen, pieksen Ihnen die scharfen Schlüsselkanten in die Handinnenfläche. Dieses Gefühl stellen Sie sich so deutlich wie möglich vor. Gehen Sie diese Sequenz zwei- bis dreimal im Geiste durch, dann denken Sie garantiert jedes Mal beim Verlassen des Büros an Ihren Schlüssel.

✳ Situation: Ihrem Chef zum Geburtstag gratulieren, sobald Sie ihn das erste Mal sehen.
Woran wollen Sie denken? Ihrem Chef zum Geburtstag zu gratulieren.
Was passiert um Sie herum? Ihr Chef kommt auf Sie zu bzw. Sie auf Ihren Chef.
Ihre beiden Bilder sind also: Geburtstag und Chef. Für Geburtstag stellen Sie sich einfach eine große Geburtstagstorte vor.
Die Verknüpfung: Wenn Sie Ihren Chef mögen, dann hat er eine schöne Geburtstagtorte auf dem Kopf. Wenn Sie ihn weniger leiden können, bekommt er eine große Geburtstagstorte ins Gesicht geklatscht.

✳ Situation: Beim nächsten Tanken den Reifenluftdruck prüfen.
Woran wollen Sie denken? Daran, den Reifenluftdruck zu prüfen.
Was passiert um Sie herum? Sie tanken, nehmen also die Zapfpistole in die Hand.

Ihre beiden Bilder sind also: Reifendruckprüfgerät und Zapfpistole. Die Verknüpfung: Sie stellen sich vor, wie Sie mit der Zapfpistole den Reifenluftdruck messen.

Der Lernkalender – die Vorgehensweise verfestigen

Wenn Sie den folgenden Lernkalender vier Wochen lang befolgen, werden Sie fit für den Alltag sein. Also: Nicht schlappmachen, sonder ran an die Übungen! Machen Sie am Anfang nicht zuviel – lieber regelmäßig als übermäßig trainieren.

Erste Woche

Montag:

* Besorgen Sie sich ein Buch über Allgemeinwissen und mindestens 100 Kartei- karten.
* Sollten Sie eine Sprache lernen oder auffrischen wollen, kaufen Sie sich die entsprechende Lernkartei oder ein Übungsbuch mit Audio-CD.
* Notieren Sie am Abend Ihre Erledigungen für den nächsten Tag und verknüp- fen Sie diese mit den Zahlensymbolen.

Dienstag:

* Beschriften Sie mindestens zehn Karten mit Allgemeinwissens-Fragen und -Antworten bzw. mit den Vokabeln und der Übersetzung. Wenn Sie sich eine bereits fertige Lernkartei besorgt haben, suchen Sie sich zehn Karten heraus. Gelernt wird erst morgen.
* Notieren Sie am Abend Ihre Erledigungen für den nächsten Tag und verknüp- fen Sie diese mit den Zahlensymbolen.

Mittwoch:

* Speichern Sie die Inhalte der zehn Lernkarten unter Zuhilfenahme der Geissel- hart-Technik sicher ab.
* Notieren Sie auch an diesem Abend Ihre Erledigungen für den nächsten Tag und verknüpfen Sie diese mit den Zahlensymbolen.

Donnerstag:

✱ Suchen Sie sich die zehn schönsten Nachrichten aus der Zeitung aus und verknüpfen Sie sie mit den Zahlensymbolen.

✱ Fertigen Sie zehn neue Karteikarten an.

✱ Notieren Sie am Abend Ihre Erledigungen für den nächsten Tag und verknüpfen Sie diese mit den Zahlensymbolen.

Freitag:

✱ Spielen Sie mit Ihrer Familie, mit Freunden oder allein ein einfaches Kreativitätsspiel, z. B. Tiere – Spielzeuge.

✱ Lernen Sie Ihre zehn neuen Karteikarteninhalte.

✱ Notieren Sie am Abend Ihre Erledigungen für den nächsten Tag und verknüpfen Sie diese mit den Zahlensymbolen.

Samstag:

✱ Wiederholen Sie die 20 bisher gelernten Karten.

✱ Das Abspeichern Ihrer Wochenendeinkäufe erledigen Sie unter Zuhilfenahme von Kerze, Schwan und Dreizack.

Sonntag:

✱ Notieren Sie am Abend Ihre Erledigungen für den nächsten Tag und verknüpfen Sie diese mit den Zahlensymbolen.

Zweite Woche

Montag:

✱ Machen Sie sich Gedanken über Ihre Ziele und notieren Sie diejenigen Ziele, bei denen Sie sich ganz sicher sind.

✱ Nehmen Sie zehn neue Kärtchen zur Hand und beschriften Sie diese wieder mit Ihrem Lernstoff (Allgemeinwissen, Vokabeln usw.). Verknüpfen Sie sie wie bisher, lernen Sie sie also heute noch.

✱ Notieren Sie am Abend Ihre Erledigungen für den nächsten Tag und verknüpfen Sie diese mit den Zahlensymbolen.

Dienstag:

✱ Speichern Sie die zehn lustigsten Zeitungsschlagzeilen mit Kerze, Schwan und Dreizack ab.

✱ Arbeiten Sie weiter an Ihren Zielen.

✱ Spielen Sie ein mittelschweres Kreativitätsspiel.

✱ Notieren Sie am Abend Ihre Erledigungen für den nächsten Tag und verknüpfen Sie diese mit den Zahlensymbolen.

Mittwoch:

✱ Notieren Sie zehn willkürliche Namen aus dem Telefonbuch auf zehn Karteikarten. Auf der Rückseite nummerieren Sie die Karten von eins bis zehn. Verbildern Sie nun die Namen und verknüpfen Sie danach das Namensbild mit der Nummer auf der Rückseite.

✱ Schließen Sie die Überlegungen zu Ihren Zielen ab. Zehn für Sie wichtige, große Ziele sollten es sein.

✱ Notieren Sie am Abend Ihre Erledigungen für den nächsten Tag und verknüpfen Sie diese mit den Zahlensymbolen.

Donnerstag:

✱ Speichern Sie mit den Symbolen zehn Fernsehnachrichten, ohne diese mitzuschreiben, also während des Fernsehens.

✱ Fertigen Sie zehn neue Karten mit Lernstoff an und speichern Sie sie ab.

✱ Notieren Sie am Abend Ihre Erledigungen für den nächsten Tag und verknüpfen Sie diese mit den Zahlensymbolen.

Freitag:

✱ Notieren Sie Ihre zehn Ziele der Reihenfolge nach so, dass Ihr wichtigstes Ziel unter Punkt 1 steht und das am wenigsten wichtige unter Punkt 10. Speichern Sie diese zehn Ziele jetzt sicher mit den Zahlensymbolen ab.

✱ Speichern Sie Ihre Einkaufsliste mit Kerze, Schwan und Dreizack ab.

✱ Notieren Sie am Abend Ihre Erledigungen für den nächsten Tag und verknüpfen Sie diese mit den Zahlensymbolen.

Samstag:

✱ Überlegen Sie sich die einzelnen Aufgaben und Schritte, die zu erledigen sind, um Ihre Ziele zu erreichen. Beginnen Sie mit dem wichtigsten Ziel. Notieren Sie hierfür wirklich alle Aufgaben, die Ihnen bis heute bekannt sind. Machen Sie dies für alle zehn Ziele. Nehmen Sie sich hierfür etwa eine halbe bis eine Stunde Zeit. Sollten Sie in dieser Zeit nicht alle Aufgaben für sämtliche zehn Punkte schaffen, dann ist das auch in Ordnung.

✱ Spielen Sie ein Kreativitätsspiel im Kreise der Familie oder mit Freunden.

Sonntag:

✱ Arbeiten Sie weiter an den Aufgaben für Ihre Ziele.

✱ Wiederholen Sie Ihre 20 Karteikarten von dieser Woche.

✱ Notieren Sie am Abend Ihre Erledigungen für den nächsten Tag und verknüpfen Sie diese mit den Zahlensymbolen.

Dritte Woche

Montag:

✱ Speichern Sie mit den Symbolen zehn Radionachrichten, ohne diese mitzuschreiben, also nur während des Radiohörens.

✱ Arbeiten Sie weiter Aufgaben heraus, die Sie zur Erreichung Ihrer Ziele erledigen sollten.

✱ Notieren Sie am Abend Ihre Erledigungen für den nächsten Tag und verknüpfen Sie diese mit den Zahlensymbolen.

Dienstag:

✱ Suchen Sie zehn willkürliche Fremdwörter und/oder Fachbegriffe aus einem Wörterbuch heraus, deren Bedeutung Sie nicht kennen. Schreiben Sie die Wörter auf die eine Seite Ihrer Karteikarten und die Bedeutung auf die andere. Lernen Sie sie mithilfe von Verknüpfungen.

✱ Arbeiten Sie an den Aufgaben für Ihre Ziele weiter.

✱ Notieren Sie am Abend Ihre Erledigungen für den nächsten Tag und verknüpfen Sie diese mit den Zahlensymbolen.

Mittwoch:
* Beschriften Sie zehn weitere Karteikarten mit Ihrem Lernstoff und speichern Sie diese ab.
* Merken Sie sich Ihre Einkaufsliste mit den Zahlensymbolen.
* Notieren Sie am Abend Ihre Erledigungen für den nächsten Tag und verknüpfen Sie diese mit den Zahlensymbolen.

Donnerstag:
* Zehn zusätzliche Karteikarten mit Ihrem Lernstoff sind gefragt.
* Arbeiten Sie weiter an den Aufgaben für Ihre Ziele.
* Wiederholen Sie die zehn Kärtchen mit den Namen.
* Notieren Sie am Abend Ihre Erledigungen für den nächsten Tag und verknüpfen Sie diese mit den Zahlensymbolen.

Freitag:
* Bringen Sie die Aufgaben der einzelnen Ziele in die Reihenfolge, in der Sie sie erledigen wollen.
* Spielen Sie mit anderen »Am laufenden Band«. Einer schreibt 20 Dinge auf und liest sie vor, die anderen versuchen, sich davon so viele wie möglich zu merken.
* Notieren Sie am Abend Ihre Erledigungen für den nächsten Tag und verknüpfen Sie diese mit den Zahlensymbolen.

Samstag:
* Wiederholen Sie die 20 Karten mit Lernstoff, die Sie diese Woche gelernt haben.

Sonntag:
* Spielen Sie ein schwieriges Kreativitätsspiel (z. B. Verknüpfung von abstrakten Begriffe und Tätigkeiten oder von Namen und Hobbys).
* Notieren Sie am Abend Ihre Erledigungen für den nächsten Tag und verknüpfen Sie diese mit den Zahlensymbolen.

Vierte Woche

Montag:

* Speichern Sie alle Aufgaben, die zu Ihrem ersten Ziel gehören, sicher im Geiste ab.
* Verzichten Sie beim Einkaufen auf den Zettel und merken Sie sich die Dinge mit der Geisselhart-Technik.
* Notieren Sie am Abend Ihre Erledigungen für den nächsten Tag und verknüpfen Sie diese mit den Zahlensymbolen.

Dienstag:

* Speichern Sie alle Aufgaben, die zu Ihrem zweiten Ziel gehören, sicher im Geiste ab.
* Und wieder sind zehn Karten mit Ihrem Lernstoff dran.
* Notieren Sie am Abend Ihre Erledigungen für den nächsten Tag und verknüpfen Sie diese mit den Zahlensymbolen.

Mittwoch:

* Schreiben Sie wieder zehn willkürliche Namen aus dem Telefonbuch auf zehn Karteikarten, nummerieren Sie die Karten von 11 bis 20 und verknüpfen Sie das Namensbild mit der Nummer auf der Rückseite.
* Speichern Sie alle Aufgaben, die zu Ihrem dritten und vierten Ziel gehören, sicher im Geiste ab.
* Notieren Sie am Abend Ihre Erledigungen für den nächsten Tag und verknüpfen Sie diese mit den Zahlensymbolen.

Donnerstag:

* Speichern Sie alle Aufgaben die zu Ihrem fünften, sechsten und siebten Ziel gehören sicher im Geiste ab.
* Wiederholen Sie die Karteikarten mit den Fremdwörtern von letzter Woche.
* Notieren Sie am Abend Ihre Erledigungen für den nächsten Tag und verknüpfen Sie diese mit den Zahlensymbolen.

Freitag:

* Speichern Sie mit den Zahlensymbolen zehn Radionachrichten, ohne diese mitzuschreiben, also nur während des Radiohörens.

✻ Speichern Sie alle Aufgaben, die zu Ihrem achten, neunten und zehnten Ziel gehören sicher im Geiste ab.
✻ Notieren Sie am Abend Ihre Erledigungen für den nächsten Tag und verknüpfen Sie diese mit den Zahlensymbolen.

Samstag:
✻ Wiederholen Sie Ihre zehn Ziele.
✻ Wiederholen Sie alle Aufgaben zu jedem Ziel.
✻ Spielen Sie »Am laufenden Band«.

Sonntag:
✻ Wiederholen Sie alle 70 Lernstoffkärtchen.
✻ Wiederholen Sie alle 20 Namenskärtchen und die zehn Fremdwortkarten.
✻ Notieren Sie am Abend Ihre Erledigungen für den nächsten Tag und verknüpfen Sie diese mit den Zahlensymbolen.

Nach diesem Vier-Wochen-Programm sind Sie garantiert gedächtnisfit für den Alltag. Wenn Sie wirklich alle Übungen gemacht und Warte-, Reise- und auch Arbeitszeiten gedächtnistechnisch sinnvoll genutzt haben, ist Ihre Kreativität mit Sicherheit schon sehr ordentlich entwickelt. Auch Ihre Verbilderungs- und Verknüpfungsfähigkeit befindet sich jetzt bestimmt in einem wirklich alltagstauglichen Zustand. Wahrscheinlich haben Sie dies aber schon während der praktischen Anwendung selbst gemerkt. Und wenn man sie regelmäßig anwendet, läuft es besser!

Denn wenn es besser läuft, wenden Sie die Technik auch regelmäßig an. Und: Wenn Sie sie regelmäßig anwenden, läuft es besser! Und so kommen Sie in einen Engelskreis (positiver Teufelskreis). Sie brauchen dann also nicht mehr zu trainieren, sondern wenden nur noch bewusst an. Das ist dann gleichzeitig Training genug. Sollten Sie zusätzlich trotzdem noch trainieren wollen, so können Sie dies selbstverständlich gern tun. Nötig ist dies meiner Ansicht nach allerdings nicht. Und das ist ja gerade für viele Menschen der große Vorteil. Viele Gehirntechniken und Gehirnjoggingprogramme funktionieren nämlich nur, wenn Sie extra trainieren. Dieses Training hat dann auch meist nichts mit Ihrer persönlichen Praxisanwendung zu tun. Aus diesem Grund halten die meisten hier nur kurz durch. Wenn Sie aber im Alltag an direkten Anwendungen, die Ihnen sogar noch immense Vorteile verschaffen, üben können, bleiben Sie garantiert am Ball.

Der Abschlusstest

➜ TIPP

Bitte machen Sie den Abschlusstest nicht direkt nach anderen Übungen aus dem Buch. Lassen Sie Ihrem Gehirn wenigsten einen Tag Zeit. Machen Sie den Abschlusstest also erst einen Tag, nachdem Sie das Buch durchgearbeitet haben. Wenn Sie das Buch aber gestern schon abgeschlossen und heute keine Übungen mehr gemacht haben, können Sie jetzt freilich direkt durchstarten.

Sind Sie auch schon gespannt? Oder können Sie sich das Ergebnis bereits denken? Ich bin sicher, dass Sie um Einiges besser abschneiden werden als beim Einstiegstest. Wenn Sie alle Übungen im Buch gemacht haben und sich an die Regeln der Geisselhart-Technik halten, kann nichts mehr schief gehen. Dann werden Sie ein wesentlich besseres Ergebnis erzielen als zu Beginn der Lektüre. Und wenn nun doch nicht? Dann prüfen Sie, woran es liegen könnte. Vielleicht brauchen Sie noch mehr Übung. Dann üben Sie eben noch ein wenig und probieren es noch einmal. Denken Sie bitte auch daran, die Zeiten zu notieren. Sie sollten die Zeiten vom Einstiegstest hier nicht überschreiten – unterschreiten ist natürlich erlaubt.

Nach meiner Erfahrung verhält es sich wieder genauso wie in allen Fitnessstudios. Nur wenige halten ein regelmäßiges Training über einen langen Zeitraum durch. Und sie sollten ja nicht nur einen bestimmten Zeitraum, sondern immer trainieren, um fit zu bleiben. Es sei denn, diese Menschen bewegen sich im Alltag genug. Dann hätten sie, genau wie wir hier, das meiner Meinung nach perfekte Training. Ein Waldarbeiter, zum Beispiel, hat es mit Sicherheit nicht mehr nötig ins Fitnessstudio zu gehen und Hanteln zu stemmen oder am Wochenende noch ein bisschen durch den Wald zu joggen. Er ist und bleibt fit. Und zwar genauso lange wie er sich jeden Tag bei seiner Arbeit im Wald ausreichend bewegt und körperlich verausgabt. Vielleicht wäre es für diesen Menschen aber wichtig, ein bestimmtes Hirntraining zu absolvieren. Wenn er geistig bei seiner Arbeit zu wenig gefordert wird, macht dies Sinn. Umgekehrt ist es für einen Buchhalter, der den ganzen Tag über den Büchern sitzt und sich nicht bewegt, sinnvoll, etwas für seinen Körper zu tun. Er könnte dann zum Beispiel zur Arbeit gehen oder mit dem Rad fahren. Das würde ihm Zeit und Geld fürs Fitnessstudio sparen. Der Waldarbeiter könnte mit seinen Kindern lernen, Zeitungsschlagzeilen, Nachrichten und Namen von wichtigen Personen verbildern und verknüpfen, die Technik also einfach in seinen Tagesablauf, in seinen Alltag integrieren.

 # DER ABSCHLUSSTEST

Kategorie 1: Erledigungsliste merken

Hier sehen Sie, wie gut Sie Erledigungen jetzt speichern können. Merken Sie sich bitte wieder die folgenden zehn Tätigkeiten in genau derselben Reihenfolge. Sie erhalten hierfür eineinhalb Minuten Zeit, genau wie beim Einstiegstest. Stoppuhr her und: Los geht es!

Maximale Zeit: 1 Minute und 30 Sekunden

1. Flug buchen
2. Auto volltanken
3. Garage entrümpeln
4. Kinderzimmer neu streichen
5. Tisch im Restaurant reservieren
6. Kleid zur Änderung bringen
7. Kalender fürs neue Jahr kaufen
8. zum Tanzkurs gehen
9. ein Post-Päckchen zur Nachbarin bringen
10. Fernsehsendung auf Video aufnehmen

Tragen Sie hier ihre benötigte Zeit ein:

_____ Minuten _____ Sekunden

Kategorie 2: Zahlen behalten

Ob sich Ihre Fähigkeit, Zahlen zu behalten, verbessert hat, testen wir an dieser Stelle. Merken Sie sich die folgenden Zahlenkombinationen. Sie haben hierfür zwei Minuten Zeit.

Maximale Zeit: 2 Minuten

Die Telefonnummer Ihrer Bank: 0 51 91 / 67 20 16
Ihre Internet-PIN: 4617
Geburtstag des Nachbarn: 09. 11. 1959
Gründungsdatum Lionsclub: 07. 06. 1917

Die benötigte Zeit tragen Sie wieder hier ein:

_____ Minuten _____ Sekunden

DER ABSCHLUSSTEST

Wie haben Sie sich wohl in dieser Disziplin gesteigert? Es geht, wie beim Eingangstest, nicht um die Schreibweise. Sie finden meine persönliche Lautschrift wieder in der Klammer hinter der Vokabel. Notieren Sie die einzelnen Vokabeln einfach so, wie sie sich anhören.

Für die zehn Vokabeln haben Sie fünf Minuten Zeit.

stufa, ital. (stufa) – Ofen
chiave, ital. (kiawe) – Schlüssel
amistad, span. (amistad) – Freundschaft
bajo, span. (bacho) – niedrig
liberté, frz. (libertee) – Freiheit
courir, frz. (kurier) – laufen
cuiller, frz. (küee) – Löffel
apprentice, engl. (äppräntis) – Auszubildender
fridge, engl. (fridsch) – Kühlschrank
avus, lat. (avus) – Großvater

Wie viel Zeit haben Sie benötigt?

_____ Minuten _____ Sekunden

Nun zeigt sich, wie gut Sie bereits beim Namenmerken sind. Im Buch war ja einiges an Übungsmaterial zu diesem Thema. Schauen wir also mal, wie Ihre Steigerungsquote in diesem Bereich ist. Wie immer gilt: Schreibweise egal, die Aussprache sollte passen. Achten Sie auch bei dieser Übung auf die Zeit. Sie haben wieder fünf Minuten.

Maximale Zeit: 5 Minuten

Claudia Schäfer · Harald Winkelberg · Ruth Malibo · Thomas Hartmann · Silke Cherwinski

☛ DER ABSCHLUSSTEST

Volker
Dörrenberg

Richard
Traimer

Bettina
Savtunranzky

Heike
Lappe

Christina
Bandikop

Und ein letztes Mal die gestoppte Zeit eintragen:

_____ Minuten _____ Sekunden

So geschafft. Das war der Abschlusstest. Am besten machen Sie nun erst einmal eine kurze Verschnaufpause. Gönnen Sie sich etwas Sauerstoff, ein Glas Wasser und ein Stück Obst. Ihr Gehirn benötigt genau jetzt wieder reichlich Glucose, um fit zu bleiben. Und fit sollten Sie ja auch gleich für die Überprüfung sein. Bestimmt sind Sie schon gespannt, wie das Ergebnis ausfällt. Oder haben Sie schon während des Abschlusstests gemerkt, dass es deutlich besser ging als beim Einstiegstest?

Bitte denken Sie gleich bei der Überprüfung auch an die Zeiten. Sie können sich ja in zweierlei Hinsicht verbessert haben: einmal erinnerten Sie sich hoffentlich an mehr abgespeicherte Informationen als noch vor kurzem beim Einstiegstest und zum zweiten waren Sie eventuell bei der ein oder anderen Frage schneller und brauchten einfach weniger Zeit.

Allein das wäre ja schon ein Erfolg. Kombiniert mit mehr erreichten Punkten ist Ihr Ergebnis selbstverständlich noch einmal besser. Und das werden Sie wahrscheinlich auch geschafft haben. Also freuen Sie sich auf Ihr Ergebnis gleich nach Ihrer wohl verdienten Pause.

ABSCHLUSSTESTPRÜFUNG

So, geschafft. Sie haben sich so viel wie möglich gemerkt und können nun überprüfen, wie viel Sie noch wissen. Tragen Sie in die jeweiligen Zeilen die gesuchten Punkte ein. Bitte überprüfen Sie Ihre Ergebnisse wie beim Einstiegstest erst wieder, nachdem Sie alle Testteile bearbeitet haben. Viel Erfolg!

Kategorie 1: Erledingungsliste merken

Tragen Sie bitte die abgespeicherten Erledigungen in die entsprechenden Zeilen ein.

1. _____

2. _____

3. _____

4. _____

5. _____

6. _____

7. _____

8. _____

9. _____

10. _____

Wenn Sie den gesamten Test absolviert haben, können Sie hier die Anzahl der Erledigungen eintragen, die Sie richtig gewusst haben. Vergleichen Sie bitte mit der Liste im Test.

_____ Erledigungen

Kategorie 2: Zahlen behalten

Schreiben Sie nun die eben abgespeicherten Zahlen auf die dazugehörigen Linien.

Die Telefonnummer Ihrer Bank: _____

Ihre Internet-PIN: _____

👉 ABSCHLUSSTESTPRÜFUNG

Geburtstag des Nachbarn: _____

Gründungsdatum Lionsclub: _____

Wie viele hatten Sie richtig? (Erst nach Abschluss des gesamten Tests eintragen!)

_____ richtige Zahlenkombinationen

Kategorie 3: Fremdsprachen lernen

Bitte schreiben Sie die gesuchten Vokabeln auf die freien Zeilen.

Ofen, ital. – _____

Schlüssel, ital. – _____

Freundschaft, span. – _____

niedrig, span. – _____

Freiheit, frz. – _____

laufen, frz. – _____

Löffel, frz. – _____

Auszubildender, engl. – _____

Kühlschrank, engl. – _____

Großvater, lat. – _____

Nachdem Sie wieder mit den Testaufgaben vorne abgeglichen haben, können Sie hier (nach Abschluss des gesamten Tests!) die Anzahl der richtigen Vokabeln eintragen:

_____ richtige Vokabeln

ABSCHLUSSTESTPRÜFUNG

Kategorie 4: Namen behalten

Vorname: _____   Nachname: _____

Vorname: _____   Nachname: _____

Vorname: _____   Nachname: _____

Vorname: _____   Nachname: _____

Vorname: _____   Nachname: _____

Vorname: _____   Nachname: _____

☛ ABSCHLUSSTESTPRÜFUNG

Vorname: _____ Nachname: _____

Vorname: _____ Nachname: _____

Vorname: _____ Nachname: _____

Vorname: _____ Nachname: _____

So, jetzt abgleichen, richtige Vor- und Nachnamen zählen und Punktzahl eintragen. Jeder richtige Vorname zählt, genauso wie jeder richtige Nachname, einen Punkt.

_____ gewusste Vor- und Zunamen

Jetzt wird es spannend: Zählen Sie bitte alle Punkte zusammen und vergleichen Sie Ihr Ergebnis mit dem Ihres Einstiegstests. Und? Wenn Sie 25 Punkte erzielt haben, ist das ein supergutes Ergebnis, dann haben Sie nämlich von 47 möglichen Punkten über die Hälfte erzielt. Sollten Sie sogar über 30 Punkte erreicht haben, so ist das richtig toll. Alle, die mehr als 40 Punkte erzielt haben, sind phänomenal!

NACHWORT

Na, wie sieht's aus? Sind Sie mit Ihrem Ergebnis zufrieden? Vielleicht waren Sie ja anfangs noch skeptisch. Sie dachten womöglich: »Das kann doch gar nicht klappen, was der da verspricht.« Und nun haben Sie alle Übungen gemacht – oder etwa nicht? – und sich beim Abschlusstest sicherlich auch deutlich verbessert. Sie haben also festgestellt, dass Ihr Gedächtnis tatsächlich, wenn auch nicht perfekt, doch sehr gut ist – und sogar noch besser werden kann.

Jetzt heißt es am Ball bleiben und die Technik wirklich, wie im Buch anschaulich beschrieben, in den Alltag zu integrieren. Also legen Sie in der Praxis los, machen Sie die täglichen kleinen Übungen des einmonatigen Lernkalenders und Sie sind schon bald gedächtnistechnisch nicht mehr aufzuhalten.

Sollten Sie noch Fragen zum Thema haben oder Feedback zum Buch und der Geisselhart-Technik geben wollen, scheuen Sie sich nicht, mich anzurufen. Unter 02 31/95 25 67 92 erreichen Sie meine Mitarbeiter im Büro. Sie werden Ihr Anliegen gern an mich weiterleiten und Sie erhalten sicher und zuverlässig eine Antwort. Gern bin ich Ihnen auch bei speziellem Lern- und/oder Prüfungsstoff behilflich. Das alles, wie es sich für einen gebürtigen Schwaben gehört, natürlich gratis.

Sollten Sie einmal einen Vortrag oder ein Seminar zum Thema live erleben wollen oder möchten Sie mich als Speaker für eine Kundenveranstaltung oder eine Mitarbeiterschulung buchen, so erstellt Ihnen mein Büro gern ein unverbindliches Angebot. Selbstverständlich erhalten Sie auf Wunsch ein direkt auf Ihre Zielgruppe zugeschnittenes Konzept. Es würde mich, freuen Sie persönlich kennenzulernen. Unter www.kopferfolg.de können Sie sich schon mal in Internet informieren. Hier finden Sie Termine für öffentliche Seminare und auch noch weitere Tipps rund um Ihr Hirn und geistige Arbeitstechniken. Sie können sich dort auch Presseartikel und Fernsehauftritte ansehen. Im Shop auf www.kopferfolg.de finden Sie weiterführende Literatur sowie eine PC-Software wie ein Drei-Tages-Seminar, das interaktive Gedächtnistraining für Ihren PC, direkt zum bestellen. Auf www.teste-dein-gedaechtnis.de können Sie Auszüge aus diesem Programm gratis absolvieren.

Bei Ihrer praktischen Umsetzung wünsche ich Ihnen weiterhin große Neugier, viele Erfolgserlebnisse, eine blühende Fantasie und ganz besonders viel Spaß!
Ihr

Oliver Geisselhart

ANHANG

Hier können Sie Ihre Ergebnisse des Einstiegstests eintragen. Vergleichen Sie Ihre Eintragungen erst, nachdem Sie alle Teile des Tests aus dem ersten Kapitel zu Ende bearbeitet haben.

ERGEBNISSE DES EINSTIEGSTESTS

Kategorie 1: Erledigungsliste merken

Tragen Sie die abgespeicherten Erledigungen in die entsprechenden Zeilen ein.

1. _____
2. _____
3. _____
4. _____
5. _____
6. _____
7. _____
8. _____
9. _____
10. _____

Hier tragen Sie nach Abschluss des gesamten Tests die Anzahl der richtig gewussten Erledigungen ein. Vergleichen Sie Ihr Ergebnis dazu mit der Liste aus dem ersten Kapitel.

_____ Erledigungen

Kategorie 2: Zahlen behalten

Schreiben Sie nun die eben abgespeicherten Zahlen auf die dazugehörigen Linien.

Die Telefonnummer Ihrer Versicherung: _____

Ihre Handy-PIN: _____

Geburtstag Ihrer Freundin: _____

Gründungsdatum Rotaryclub: _____

Wie viele hatten Sie richtig? Sie können hier anschließend, wenn Sie mit dem gesamten Test fertig sind, Ihre Ergebnisse abgleichen.

_____ richtige Zahlenkombinationen

ERGEBNISSE DES EINSTIEGSTESTS

Bitte schreiben Sie die gesuchten Vokabeln auf die freien Zeilen.

Scholle, frz. – _____

dunkel, lat. – _____

Zauberer, engl. – _____

Steckdose, engl. – _____

Rabe, lat. – _____

gehen, frz. – _____

Tasche, span. – _____

belästigen, span. – _____

füllen, ital. – _____

aussetzen, ital. – _____

Nun können Sie den Vokabelteil mit dem Einstiegstest abgleichen. Tragen Sie die Anzahl der richtigen Vokabeln hier ein.

_____ richtige Vokabeln

Kategorie 4: Namen behalten

Vorname: _____   Nachname: _____

Vorname: _____   Nachname: _____

Vorname: _____   Nachname: _____

Vorname: _____   Nachname: _____

Vorname: _____   Nachname: _____

Vorname: _____   Nachname: _____

ERGEBNISSE DES EINSTIEGSTESTS

Vorname: _____ Nachname: _____

Vorname: _____ Nachname: _____

Vorname: _____ Nachname: _____

Vorname: _____ Nachname: _____

So, jetzt mit vorne vergleichen, richtige Vor- und Nachnamen zählen und Zahl eintragen. Jeder richtige Vorname zählt, genauso wie jeder richtige Nachname, einen Punkt.

_____ gewusste Vor- und Zunamen.

Wie ist Ihre Gesamtpunktzahl? Mit 10 bis 16 Punkten liegen Sie im Durchschnittsbereich. Sollten Sie darunter liegen, haben Sie sogar Glück: Ihr Steigerungspotenzial ist enorm! Mit über 16 Punkten können Sie stolz auf sich sein. Und über 20 ist wirklich toll. Sollten Sie dies ohne spezielle Technik geschafft haben, arbeitet Ihr Gedächtnis außergewöhnlich gut. Wenn Sie mehr als 30 Punkte haben, dann melden Sie sich bitte bei mir!
Also dann los, zurück zum Start! Gehen Sie nun wieder ins erste Kapitel und beginnen Sie damit, Ihr Gedächtnis fit zu machen.

Literatur

Buzan, Tony: Das Mind-Map-Buch. München: Goldmann, 1999

Buzan, Tony: Nichts vergessen. 3. Auflage. München: Goldmann, 2000

Duden, Testen Sie Ihr Wissen. 2. Auflage. Mannheim: Bibliographisches Institut & F.A. Brockhaus AG, 2007

Gage, Fred: in New Scientist Magazine, Februar 2000

Gazzaniga, Michael S.: in Scientific American Magazin,1967

Gazzaniga, Michael S.: Das erkennende Gehirn. Paderborn: Junfermann, 1988

Geisselhart, Oliver: Souverän freie Reden halten. 2. Auflage. Offenbach: Gabal, 2005

Geisselhart, Oliver; Geisselhart, Roland R.: Power Tool: Gedächtnis. 3. Auflage. Berlin: Fit for Business, 2005

Geisselhart, Oliver; Geisselhart, Roland R.; Burkart, Christiane: Gedächtnis-Power für Verkäufer. Zürich: Orell Füssli, 1999

Geisselhart, Roland R.: Wetten, dass Sie mit Grips Millionär werden. Zürich: Orell Füssli, 2002

Geisselhart, Roland R.; Burkart, Christiane: Gedächtnis-Power. Offenbach: Gabal, 1997

Geisselhart, Roland R.: So merke ich mir Namen und Gesichter. München: Delphin, 1988

Geisselhart, Roland R.: Vokabeln lernen wie im Schlaf. München: Delphin, 1989

Höhne, Anita; Hochenegg, Leonhard: Brainfood. München: Wilhelm Heyne, 2000

Markowitsch, Hans J. : Neuropsychologie des Gedächtnisses. Göttingen: Hogrefe, 1992

Markowitsch, Hans J. : Dem Gedächtnis auf der Spur. Vom Erinnern und Vergessen. Darmstadt: Primus, 2002

Markowitsch, Hans J.: in Spektrum der Wissenschaft, 4/2004

Pakkenberg, B.; Gunderson, HJG: Neocortical neuron number in humans: effect of sex and age. Journal of Comparative Neurology 384: 312–320, 1997

Pöppel, Ernst: in Gehirn und Geist, Nr. 3, 2003

Rößiger, Monika: Was ist Was – Das Gehirn. Nürnberg: Tessloff, 1999

Spitzer, Manfred: Lernen: Gehirnforschung und Schule des Lebens. Heidelberg, Berlin: Spektrum, 2002

Vester, Frederic: Denken, Lernen, Vergessen. 28. Auflage. München: dtv, 2001

Wiegand, Rainer: Grundlagen und Praxis ces Hirnleistungsmanagements. Stuttgart: W. Kohlhammer, 2004

Williams; Herrup: in Annual Review of Neuroscience 1988

Register

Impressum

© 2009 GRÄFE UND UNZER VERLAG GmbH, München. Alle Rechte vorbehalten. Nachdruck, auch auszugsweise, sowie Verbreitung durch Bild, Funk, Fernsehen und Internet, durch fotomechanische Wiedergabe, Tonträger und Datenverarbeitungssysteme jeder Art nur mit schriftlicher Genehmigung des Verlages.

Leitende Redaktion: Anita Zellner
Redaktion: Vera Schneiderei
Bildredaktion: Petra Ender
Lektorat und Projektmanagement: Evelyn Boos, Schondorf
Umschlaggestaltung und Innenlayout: indepent Medien-Design, München
Herstellung: Renate Hutt
Satz: Uhl + Massopust, Aalen
Repro: Longo AG, Bozen
Druck und Bindung: Printer, Trento

ISBN 978-3-8338-1600-0

1. Auflage 2009

Umwelthinweis

Dieses Buch wurde auf chlorfrei gebleichtem Papier gedruckt. Um Rohstoffe zu sparen, haben wir auf Folienverpackung verzichtet.

Bildnachweis

Alle Abbildungen von Corbis GmbH, Düsseldorf

Illustrationen

TEAMGEISSELHART, Dortmund

Die GU-Homepage finden Sie unter www.gu-online.de

Ein Unternehmen der
GANSKE VERLAGSGRUPPE

TEAMGEISSELHART
erfolg beginnt im kopf

Buchen Sie Oliver Geisselhart für Ihre:

• Tagungen
• Kongresse
• Incentives
• Vertriebsmeetings
• Produktschulungen/-präsentationen
• Kick-offs
• Jubiläen
• Vorstandsversammlungen
• Mitarbeiter-/Regionalmeetings
• Jahresabschlusstreffen
• Umstrukturierungsmaßnahmen ...
• Kundenseminare/-veranstaltungen

Sehr effektiv ist ein mitreißender Vortrag als Eisbrecher zu Beginn größerer Veranstaltungen, als Espresso nach der Mittagspause oder als Bindeglied zwischen der fachlichen Tagesveranstaltung und dem unterhaltsamen Abendprogramm.
Risikofrei: Sie erhalten die TEAMGEISSELHART-Erfolgsgarantie. Das bedeutet für Sie: Sie bezahlen nur, was es Ihnen wirklich wert war. Sie können also nur gewinnen.

Ob Sie nun Ihre Belegschaft, Kunden, Freunde oder Geschäftspartner weiterbilden und motivieren oder sich bei einer Veranstaltung vom Wettbewerb positiv abheben wollen – die Begeisterung Ihrer Teilnehmer ist Ihnen sicher.

Fordern Sie gern Ihr unverbindliches Angebot an.

TEAMGEISSELHART GmbH
Stolzestraße 15
44139 Dortmund

Tel.: 02 31 / 95 25 67-92

info@kopferfolg.de
www.kopferfolg.de